be동사부터 명령문까지 단숨에 정주행하는

# 그딸 영문법

## 왕기초편 2

고딸 임한결 지음

영포자들이 꼬박꼬박
프린트해서 봤던 그 영문법!

500만 방문자가 그토록 기다려 온

# 네이버 인기 블로거,

고등어 집 딸내미 기초 영문법 드디어 완간!

예림당

글 **고딸 임한결**

500만 조회 수를 기록하고 있는 고딸 영어 블로그 운영자. 실제 고등어 집 딸내미로, 환갑을 앞둔 아버지의 영어 공부를 돕기 위한 콘텐츠를 블로그에 올리기 시작했다. 블로그를 통해 영어 공부를 새롭게 시작하려는 학습자들과 소통을 하게 되었으며, 학원에서도, 인터넷 강의에서도 기초라고 생각해서 다루지 않는 진짜 기초 문법 사항들을 꾸준히 블로그에 업데이트하고 있다. 웹툰처럼 한 번 보면 정주행하고 싶은 영어 콘텐츠를 만들기 위해 무한도전 중이다. 국제영어대학원대학교 영어교재개발학 석사. 전 윤선생영어교실 현대영어사 교재개발팀 근무.

고딸영어 블로그 http://goddalenglish.com


그림 **희일**

페이스북과 네이버 〈베스트 도전 만화〉에 따뜻하고 재미있는 에피소드가 담긴 일상 공감툰 『꼬매일기』를 연재했다. 카카오토픽에서 앱툰으로 정식 연재를 한 바 있다.

홈페이지 http://www.kkomae.com
페이스북 https://www.facebook.com/hellokkomae
블로그 http://blog.naver.com/heeilcom


감수 **꿀먹보 Scott Wear**

11년 전 뉴질랜드에서 고딸과 첫 만남 후 2013년 결혼했다. 한국에서 영어를 가르치고, 교재를 검수하면서 시험을 위한 영문법이 아닌 실제 사용할 수 있는 영어 학습법을 연구 중이다. 국제영어대학원대학교 영어교재개발학 석사. University of Auckland 언어학.

# 고딸 영문법

왕기초 편 2

# 고딸 영문법 왕기초 편 2

2020년 3월 20일 2판 1쇄 발행
2020년 11월 30일 2판 2쇄 발행

**지은이** 고딸 임한결
**그린이** 희일
**펴낸이** 나춘호 | **펴낸곳** ㈜예림당 | **등록** 제2013-000041호
**주소** 서울특별시 성동구 아차산로 153
**구매 문의 전화** 02-561-9007 | **팩스** 02-562-9007 | **책 내용 문의 전화** 02-3404-9245
**홈페이지** www.yearim.kr
ISBN 979-89-302-1141-3 14740   979-89-302-1147-5 (세트)
ⓒ 2020 임한결 · ㈜희일커뮤니케이션

STAFF
**편집** 윤민혜 · 노보람 | **디자인** 이정애 · 이보배
**사진** 이건무 | **제작** 신상덕 · 이선회
**마케팅** 임상호 · 전훈승 | **저작권영업** 문하영 · 김유미

be동사부터 명령문까지 단숨에 정주행하는

# 고딸 영문법

왕기초편 2

고딸 임한결 지음

에림딩

# 안녕하세요, 고딸입니다! ▼

### 고딸은 누구?

고등학생 딸 아니고요. 고등어 집 딸내미예요!
아버지가 고등어 집(?)을 운영하세요.

### 고딸이 왜 영어책을?

2013년! 저는 20대의 청춘을 함께 보낸 꿀먹보와
결혼을 했어요. 꿀먹보는 뉴질랜드 사람이랍니다.
꿀먹보와 제가 결혼한 후, 아버지가 시작한 사위 사랑법은?
바로, 영어 공부!
열심히 공부하시는 아버지를 곁에서 보면서,
영어를 처음 공부하는 초보자도 쉽게 이해할 수 있는
영어 콘텐츠가 없을까 고민!
물론, 시중에 기초 영문법 책은 많고 많지만
정말 처음부터 시작하는 영어 책은 찾기가 어려웠어요.
결국, 아버지를 위한 콘텐츠를 직접 만들기로 도전!
블로그에 영문법 포스팅을 시작했습니다!
그리고 대박! 하루에 수천 명의 방문자 분들과
블로그를 통한 소통! 댓글과 공감으로 응원을 주신 블로그

★ ★ ★ ★ ★ ★ ★ ★ ★ ★ ★ ★ ★ ★ ★ ★

이웃님들 덕분에 책으로 출판! (이웃님들 ♥♥ 뿅뿅요!)
블로그를 책으로 만들어 주신 출판사 여러분,
감사합니다!
고딸 기초 영문법 책이 저의 아버지처럼
새로운 마음으로 영어 공부를 시작하시는 분들에게
친절한 친구 같은 책이 되었으면 합니다!

## 고딸영어의 매력은?

한마디로 쉽다?
영문법 하면 문법 용어부터 머리가 아팠던 경험 있으시죠?
문법이 어렵게 느껴지는 이유는 한꺼번에 무조건 많은 것을
외우려고 하기 때문이에요.
영문법에도 우선순위가 있어요.
그래서 문법에서 꼭 알아야 하는 기본 흐름을 다뤘습니다.
고딸영어에서 예문을 통해 핵심을 이해하고,
문제를 풀면서 복습하면!
문법하고 친해질 수 있어요! 진짜예요!
그럼 우리 함께 시작해 볼까요?

**Characters**

자칭 고등어 홍보 대사

**고딸**

고등어 관련 지식 없음.
아버지표 고등어를
먹는 것만 잘함.
어릴 때부터 영어에 재능
있고 영어만 좋아하고
그런 사람 아님. 그냥 꾸준히
하다 보니 잘하게 된 케이스.
대학생 때 교환 학생으로
뉴질랜드에 갔다가,
꿀먹보와 눈 맞음.
**취미 : 영문법 포스팅**

뉴질랜드에서 한국으로 날아온 로맨티시스트!

**꿀먹보**

고딸에게 한눈에 반해 남반구에서
북반구로 짐 싸들고 옴.
현재 9년째 한국 거주 중!
꿀을 많이 먹어 꿀처럼 달달한 성격!
**좋아하는 생선 : 고등어**

**꼬매**

웹툰 꼬매일기 주인공!

항상 미소를 띠고
멋진 나비넥타이를 매고 있음.
호감형의 둥근 얼굴, 빨간 볼 터치가 매력적!
**현재 목표 : 영어 왕초보 대탈출!**

단추

따기

곰바

### 영문법 생각에 한숨부터 나온다면?

소설 읽듯이 그냥 쭉 읽어 보세요.

'이런 게 있구나!' 무심하게, 그러나 끝까지 포기하지 않는 것이 중요해요. 아자!

이 책을 여러 번 읽고 마음의 준비가 되었을 때 워크북을 봅니다!

### 영문법 기초, 빨리 확실하게 정복하고 싶다면?

이 책의 각 Unit을 공부한 후, 워크북을 펼칩니다.

〈머리에 쏙쏙〉을 보며 핵심을 정리하고 실전 문제를 풀어 보면 금방 실력이

팍팍 늘어요! 하루에 Unit 2개씩 공부하면 4주 안에 영문법 기초를 잡을 수

있어요! 마지막으로 2권 워크북 맨 뒤에 있는 〈종합 문제〉를 풀면서

최종 점검까지 하면 공부 끝!

### 영문법 문제를 많이 풀어 보고 싶다면?

워크북 문제부터 풀어 보세요!

틀리거나 헷갈리는 부분은 이 책의 Unit을 보며 다시 개념을 정리해 보세요!

워크북 문제를 모두 다 푼 뒤 2권 워크북 맨 뒤

〈종합 문제〉로 실력을 점검하면 문법 기초 완성!

### 나의 기초 영문법 실력부터 알고 싶다면?

먼저, 〈종합 문제〉를 풀어 보세요!

전반적으로 부족한 부분이 무엇인지 파악이 가능할 거예요!

이 책의 목차를 보고 약한 부분만 집중적으로 공부하면 되겠죠?

다양한 예문에 적용해 보고 싶다면, 워크북으로 복습하세요!

## Part 1 / be동사 & 일반동사

**Unit 01**  be동사와 일반동사의 차이점은?

**Unit 02**  be동사 짝꿍을 찾아라!

**Unit 03**  be동사의 부정문, 의문문 만드는 법?

**Unit 04**  일반동사에 s 붙이기?

**Unit 05**  일반동사에 s를 붙이는 다양한 방법

**Unit 06**  일반동사 부정문, 의문문 만드는 법!

**Unit 07**  be동사 & 일반동사 Test

## Part 2 / 시제 & 조동사

**Unit 08**  be동사 과거 정리해 보기! be동사의 변신~

**Unit 09**  일반동사 과거! 정체를 파악하다!

**Unit 10**  동사 3단 변화! 꼭 외워야 할 불규칙동사!

**Unit 11**  과거시제의 부정문, 의문문! 정복~!

**Unit 12**  미래시제 개념 익히기

**Unit 13**  영어 시제의 기초 개념 정리

**Unit 14**  현재진행형? be동사 + 일반동사ing

**Unit 15**  조동사 개념 익히기

**Unit 16**  조동사 개념 확장하기

**Unit 17**  시제 & 조동사 Test

# Part 3 / 명사

**Unit 18**   명사란? 명사의 종류는?

**Unit 19**   셀 수 있는 명사의 특징

**Unit 20**   셀 수 있는 명사 복수형 만들기

**Unit 21**   항상 복수형으로 쓰이는 명사

**Unit 22**   셀 수 없는 명사의 특징

**Unit 23**   명사 Test

# Part 4 / 대명사

**Unit 24**   인칭대명사란?

**Unit 25**   소유대명사란? 소유격과 무슨 차이?

**Unit 26**   대명사 Q & A

**Unit 27**   지시대명사 that, this

**Unit 28**   대명사 Test

**Part 5** / **형용사 & 부사**

**Unit 29** 형용사란?  14

**Unit 30** 수나 양을 나타내는 형용사 : much와 many의 차이점은?  24

**Unit 31** 수나 양을 나타내는 형용사 : some과 any의 차이점은?  36

**Unit 32** 영어 숫자 읽는 법  47

**Unit 33** 영어 숫자! 기수와 서수란?  60

**Unit 34** 부사란? 형용사와 차이점은?  73

**Unit 35** 형용사와 부사의 형태가 같은 단어  84

**Unit 36** 부사의 역할?  97

**Unit 37** 빈도부사의 위치  107

**Unit 38** 형용사 & 부사 Test  119

**Part 6** / **비교급 & 최상급**

**Unit 39** 비교급 만들기 : er 붙이는 방법  126

**Unit 40** 비교급 만들기 : more 붙이는 방법  135

**Unit 41** 비교급 불규칙변화  147

**Unit 42** 형용사 최상급  154

**Unit 43** 비교급 & 최상급 Test  165

## Part 7 / 전치사 & 접속사

**Unit 44**  전치사란? 다양한 전치사 정리  172
**Unit 45**  시간 전치사 at, on, in 구분하기  179
**Unit 46**  장소 전치사 at, on, in 구분하기  187
**Unit 47**  접속사 정리 1  199
**Unit 48**  접속사 정리 2  209
**Unit 49**  전치사 & 접속사 Test  219

## Part 8 / 다양한 문장

**Unit 50**  There is / There are  226
**Unit 51**  의문사 의문문 만들기 1 : 개념 정리  238
**Unit 52**  의문사 의문문 만들기 2 : what, how  250
**Unit 53**  의문사 의문문 만들기 3 : 의문사가 주어일 때  261
**Unit 54**  명령문 만들기  272
**Unit 55**  다양한 문장 Test  282

# PART 5

# 형용사 & 부사

## Unit 29~38

# 형용사란?

2권에서는 형용사부터 함께 살펴보도록 할게요!

형용사는 뭘까요?

힌트를 드릴게요!

띠용!

# 形

## 모양, 꼴 형

이 한자는 모양, 꼴을 의미하는 '형'이란 한자예요.
우리가 배우는 형용사가 바로 이런 의미랍니다!

## 형용사란?

# 명사의 형태(모양, 상태, 성질)를
# 나타내 주는 말!

그림을 보면서 익혀 볼게요.

This is a box. 이것은 상자이다.

이 상자의 특징은?

This is a
box.

커요. 여자아이 키와 비슷하니, 진짜 크죠?
이 특징을 나타내기 위해 'big'이란 형용사를 이용해 볼게요.

This is a big box. 이것은 큰 상자이다.

아하! 형용사를 왜 쓰는지 느낌이 조금 오나요?
a big box의 big처럼
형용사는 '~한'이란 뜻이고, 우리말 '~ㄴ'으로 끝납니다.

# 형용사

## ~한

## 큰, 예쁜, 성실한

## 게으른, 지겨운, 즐거운

어때요? 모두 '~ㄴ'으로 끝나지요?

그럼, 다음 단어 중에서 형용사를 골라 보세요.

winter

small

sad

read

winter 겨울 명사

small 작은 형용사

sad 슬픈 형용사

read 읽다 동사

이래서 단어를 외울 때
품사를 정확하게 알아 두는 것이 중요하답니다.

1권에서 배웠던 동사, 명사와 비교해서 기억해 두세요.

## 동사

공부하다, 놀다…

## ~다

## 명사

꽃, 물, Tom…

## 이름

## 형용사

예쁜, 큰…

## ~한

이제 좀 알 것 같죠?

그럼! 형용사를 자주 쓰는 곳, 두 곳을 알아볼게요.

더 많지만! 일단 머릿속에 이것만 꼭 기억해 두세요.
(목적격 보어 역할은 나중에 문장의 형식을 배울 때 익힙시다!)

# 형용사 위치

❶ 명사 바로 앞
❷ be동사 뒤

첫 번째, **'명사 바로 앞'** 부터 볼게요.

여기 한 소녀가 있어요.

이 소녀를 예쁜 소녀라고 말하고 싶어요.

**a pretty girl** 예쁜 소녀

그럴 땐 pretty를 명사 girl 앞에 쓰면 됩니다.

pretty girl이 한 명이니까 앞에 a가 붙어 있는 것도 확인하세요.

두 번째! **'be동사 뒤'**

형용사는 be동사의 뒤에 옵니다.

**She is pretty.** 그녀는 예쁘다.

# ~이다(is) + 예쁜(pretty) = 예쁘다

'~이다'를 나타내는 be동사와

'예쁜'을 나타내는 형용사 pretty가 만나서 '예쁘다'라는 뜻이 되지요.

워크북에 자주 쓰는 형용사가 정리되어 있어요.

# QUIZ

다음 문장에서 형용사를 찾아 동그라미 표하세요.

> (A) The book is old. 그 책은 오래되었다.
>
> (B) Tom is a nice man. Tom은 멋진 남자이다.
>
> (C) She is hungry. 그녀는 배고프다.
>
> (D) It was dark. 어두웠다.
>
> (E) You should be careful. 너는 조심해야 한다.

고민 좀 해 보셨나요?

(A) old 오래된

(B) nice 멋진

(C) hungry 배고픈

(D) dark 어두운   참고로! 여기서 It은 비인칭주어죠?

(E) careful 조심하는 참고! should 다음에 동사원형으로 be가 왔어요.

여기서 (B)만 명사 바로 앞에 형용사를 쓴 경우이고,
나머지는 모두 be동사 뒤에 형용사를 썼어요.

**Answers**  (A) old  (B) nice  (C) hungry  (D) dark  (E) careful

형용사란?

명사를 꾸미기 위해 쓰는 말!

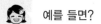 예를 들면?

pretty(예쁜), old(오래된), dirty(더러운)

형용사의 일반적인 위치는?

명사 앞! He is a kind man.

또 어디?

be동사 뒤! He is kind.

# 수나 양을 나타내는 형용사:
# much와 many의 차이점은?

형용사의 개념과 조금 친숙해졌나요?
이번에는 수나 양을 나타내는 형용사에 대해서 배워 볼게요.

# 수나 양을 나타내는
# 형용사

우리말로 먼저 생각해 볼게요.

## 많은 / 거의 없는 / 적은

이런 것들이 모두 수나 양을 나타내는 데 쓰이는 형용사죠?

영어에도 이에 해당하는 형용사들이 있어요!

| 표현 | 뜻 |
|---|---|
| many, much, a lot of (lots of) | 많은 |
| a few, a little | 적은, 조금 |
| few, little | 거의 없는 |
| some, any | 약간 |

아하, 그럼 그냥 영어와 우리말 뜻만 알면 되겠네.

여기서 잠깐!
개념은 간단하지만, 쓰임은 까다로워요.

그러면 그렇지, 엉엉.

뭐가 까다로울까요?

다음 문제를 풀어 보면 알 수 있어요.

I have (many / much) books.  나는 많은 책을 가지고 있다.

many나 much의 뜻을 비교해 보면

둘 다 '많은'으로 똑같은데, 뭘 골라야 하는 걸까요?

흠, 뜻이 같으니
뭘 골라야 할지
모르겠는걸.

much는 셀 수 없는 명사랑 같이 쓰는데

book은 셀 수 있는 명사니까 many가 답이에요!

I have **many** books.

이래서 까다롭다는 거예요.
단순히 뜻만 알면 끝나는 게 아니라
누가 누구랑 함께 쓰이는지 알아야 해요!

그럼 표로 정리해 볼게요.

|  | 형용사 | 함께 쓰이는 명사 |
|---|---|---|
| 수 | many 많은<br>a few 적은<br>few 거의 없는 | 셀 수 있는 명사 (복수형) |
| 양 | much 많은<br>a little 적은<br>little 거의 없는 | 셀 수 없는 명사 |
| 수 · 양 | a lot of = lots of 많은<br>some / any 약간 | 셀 수 있는 명사<br>셀 수 없는 명사 |

첫 번째 그룹은, 셀 수 **있는** 명사와 함께 써요.
두 번째 그룹은, 셀 수 **없는** 명사와 함께 써요.
세 번째 그룹은, 셀 수 있는 명사 / 셀 수 없는 명사
상관없이 **모두** 써요.

우리 1권에서 셀 수 있는 명사 / 셀 수 없는 명사에 대한 개념을 배웠죠?
문제를 풀면서 연습해 볼게요.

27

**Does she have (many / much) money?** 그녀는 많은 돈을 가지고 있니?

힌트!

money는 셀 수 없는 명사!
(그래서 money는 복수형으로 쓰지 않아요.)

Does she have **much** money?

흠, 왜 돈이 셀 수 없는 명사일까요?
헷갈리시면 1권 Unit22에서 복습하고 오세요.

28

다음 문제를 풀어 볼게요.

He has (a little / a few) friends. 그는 친구가 조금 있다.

friend는 셀 수 있는 명사랍니다.
그림을 보니 여러 명!
그래서 friends라고 복수형으로 썼죠?

He has **a few** friends.

그러니까 a few가 정답.

그럼 a few와 few의 공통점, 차이점은 무엇인가요?

# a few VS few

먼저 공통점!

## 공통점: 셀 수 있는 물체가 조금 있는 상황

a few trees

few trees

둘 다 셀 수 있는 물체 앞에 쓸 수 있어요.
그것도 물체의 수가 별로 없을 경우예요.

그럼, 차이점은 뭘까요?

그건 바로 마음에 있어요.
어머! 이렇게 애매할 수가!

a few와 few는
말하는 사람의 마음(의도)을 보여 주기 때문이에요.

다음 그림을 볼게요.

사과 두 개를 보고 말하는 의도에 따라 다르게 표현할 수 있어요!

## a few          few

a few는 어!(a) 조금이라도 있네! 라는 긍정적 의미고요.
기억하기 쉽게, 감탄사 '어!'와 a를 연상해 보세요.

few는 '거의 없네!'라는 부정적 의미가 있어요.
말하는 의도에 따라 골라 사용하면 되겠죠?

a little과 little의 차이도
말하는 사람의 의도에 달려 있답니다.

Q  She has two little brothers.

이 문장에서 왜 little을 셀 수 있는 명사 brothers와 같이 썼나요?
little은 셀 수 없는 명사와 함께 쓴다고 배웠는데. 헷갈려요.

A 여기서 little은 '거의 없는'이란 뜻이 아니라, '어린'이란 뜻입니다.
She has two little brothers. 그녀에게는 두 명의 어린 남동생이 있어.

little에는 '작은' '어린' '짧은' 등의 다양한 뜻이 있는데요.
문맥에 따라 쓰임을 구분할 수 있답니다.

She has two little brothers.
two(둘)라는 분명한 수를 말하고 있으니,
'거의 없는'이라는 뜻은 아니겠죠?
우리가 배운 '거의 없는'의 뜻을 가진 little은
셀 수 없는 명사와 쓴다는 걸 기억합시다!

33

다음 문제를 풀어 볼게요.

There is (a little / little) wind today.  오늘 바람이 거의 없다.

'거의 없다'는 부정적인 의미니까 little을 골라야 해요.

There is **little** wind today.

**many, much, little, a little, few, a few**
차이점은 머리에 모두 정리했죠?

much와 함께 쓸 수 있는 명사는?

셀 수 없는 명사!
I don't have much time.

 many랑 같이 쓰는 명사는?

셀 수 있는 명사!
I have many friends.

 a few와 같이 쓰는 명사는?

셀 수 있는 명사!
He knows a few people.

 a lot of와 같이 쓰는 명사는?

셀 수 있는 명사,
셀 수 없는 명사 모두!

35

 Unit 31

# 수나 양을 나타내는 형용사:

## some과 any의 차이점은?

이번에는 some과 any를 살펴볼게요.

some과 any가 뭐였더라? 뭔가 낯설다고요?
세 번째 표를 보세요. 보이죠? 맨 밑에!

| | 형용사 | 함께 쓰이는 명사 |
|---|---|---|
| 수 | many 많은<br>a few 적은<br>few 거의 없는 | 셀 수 있는 명사 (복수형) |
| 양 | much 많은<br>a little 적은<br>little 거의 없는 | 셀 수 없는 명사 |
| 수·양 | a lot of = lots of 많은<br>some / any 약간의 | 셀 수 있는 명사<br>셀 수 없는 명사 |

그럼 some과 any의 공통점과 차이점은 무엇일까요?

다음 예문을 보고, 여러분 스스로 생각해 보세요.

> (A) I have some money.
> (B) I don't have any money.
> (C) He bought some flowers.
> (D) Did he buy any flowers?

자, 그럼
공통점부터 공개합니다!

짠!

# some / any 공통점

**❶ 뜻이 같음** (약간의 / 조금 / 어떤)

**❷ 셀 수 있는 명사 / 셀 수 없는 명사
다 함께 쓸 수 있음**

첫 번째, 뜻이 같아요.

> (A) I have some money. 나는 돈이 조금 있다.
>
> (B) I don't have any money. 나는 돈이 조금도 없다.
>
> (C) He bought some flowers. 그는 꽃을 조금 샀다.
>
> (D) Did he buy any flowers? 그가 꽃을 좀 샀니?

some / any 모두 '약간의 / 조금 / 몇몇의' 의미를 지녀요.
문맥에 따라 살짝 다르게 해석되지만, 기본적인 의미는 같아요.

두 번째, 셀 수 있는 명사 / 셀 수 없는 명사
다 함께 쓸 수 있다는 게 공통점이에요.

(A), (B)에서 some / any 다음에 셀 수 없는 명사 money도 쓰고,
(C), (D)에서 셀 수 있는 명사 flower도 쓴 게 보이죠?

그럼 차이점은 뭘까요?

# some / any 차이점

**❶ some : 긍정문, 권유(부탁) 의문문**

**❷ any : 부정문, 일반 의문문**

확인해 볼까요?

(A) I have some money. (긍정문)

(B) I don't have any money. (부정문)

(C) He bought some flowers. (긍정문)

(D) Did he buy any flowers? (의문문)

(A), (C)와 같이 긍정문에는 모두 some을 썼고요.
don't처럼 '~않다'라는 부정어가 들어간 부정문인 (B)에서는
any를 썼어요. 의문문인 (D)에서도 any를 썼죠?

그래도 알쏭달쏭하죠?

문제를 풀면서 조금 익숙해져 볼게요.

I'm going to buy (some / any) plates. 나는 그릇을 좀 살 거야.

문장에 물음표도 없고,
부정을 나타내는 'not' 이런 것도 없으니까,
긍정문!
some을 써요.

I'm going to buy **some** plates.

다음 문제!

There aren't (some / any) adults in the park.

공원에는 어른이 없다.

aren't는 are not의 줄임으로 부정을 나타내죠?
그래서 부정문과 함께 쓰는 any가 정답!

There aren't **any** adults in the park.

그런데! 아직 헷갈리는 게 남아 있어요. ㅠ

some을 쓰는 권유(부탁) 의문문과
any를 쓰는 의문문의 차이는 또 뭐란 말인가?

권유(부탁) 의문문? 그냥 의문문?

일반적으로 의문문에서는 **any**를 써요.

단! 얼핏 보면 의문문처럼 보이지만
어떤 사실에 대해서 물어보는 게 아니라
**권유 '~할래요?'** 하거나
**부탁 '~해 줄래요?'** 라는 문장에서는 **some**을 씁니다.

그럼, 문제를 풀어 볼게요.

Do you have (some / any) dogs? 너는 개를 (조금이라도) 가지고 있니?

그냥 물어보는 의문문이에요!
의문문과 함께 쓰는 것은?

any

다음 문제!

한 소년이 땀을 뻘뻘 흘리면서 집에 갔어요.

아버지가 이렇게 물어봅니다.

Would you like (some / any) water? 물 좀 마실래?

어떤 단어가 들어가야 할까요?

물음표가 붙어 있으니까 의문문과 같이 쓰는 any가 정답 같죠?

아닙니다.

왜냐! 단순히 물어보는 게 아니라,

"물 좀 마실래?" 이렇게 권유하는 문장이니까요.

Would you like **some** water?

비슷하지만 헷갈리는 some과 any의 차이점까지

꼭 챙겨 두세요!

 some과 any의 공통점은?

모두 '약간의'라는 뜻~

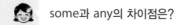 some과 any의 차이점은?

함께 쓰이는 문장이 달라.

 some은 어떤 문장이랑?

긍정문, 권유 의문문!

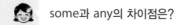 any는 어떤 문장이랑?

부정문, 일반 의문문!

# 영어 숫자 읽는 법

이번 Unit에서는 수 읽는 법을 배워 볼게요.

There are _____ trees in the park. 공원에 다섯 그루의 나무가 있다.

우리는 숫자로 나무의 개수를 정확하게 표현할 수 있어요.

five

47

숫자의 용도는 이게 끝이 아니랍니다.

숫자는 개수를 나타낼 뿐만 아니라
전화번호, 연도, 날짜, 서열 등 여러 가지에서 이용돼요.
숫자를 잘 표현하기 위해서
기수와 서수의 개념을 알아 두면 편해요.

# 기수 VS 서수

기수? 서수? 이름부터 어렵죠?

먼저 기수부터 배워 볼게요.

# 기수

························································

# 기본 숫자

하나, 둘, 셋, 넷, 다섯, 여섯…
one, two, three, four, five, six…

기수는 쉽게 말하면, 기본 숫자를 의미해요.
여러분이 알고 있는 바로 그 숫자예요.

하나, 둘, 셋, 넷….

| | | | | | |
|---|---|---|---|---|---|
| 1 | one | 11 | eleven | 21 | twenty-one |
| 2 | two | 12 | twelve | 22 | twenty-two |
| 3 | three | 13 | thirteen | 30 | thirty |
| 4 | four | 14 | fourteen | 40 | forty |
| 5 | five | 15 | fifteen | 50 | fifty |
| 6 | six | 16 | sixteen | 60 | sixty |
| 7 | seven | 17 | seventeen | 70 | seventy |
| 8 | eight | 18 | eighteen | 80 | eighty |
| 9 | nine | 19 | nineteen | 90 | ninety |
| 10 | ten | 20 | twenty | 100 | one hundred |

1부터 100까지는 꼭 기억해 두세요.
1부터 100까지만 알면,
어떠한 숫자도 다 읽을 수 있으니까요.

진짜예요.

자, 아래의 숫자들을 읽어 볼게요.
영어로요~.

532
307
274

정답! 확인해 볼게요.

five hundred (and) thirty-two
three hundred (and) seven
two hundred (and) seventy-four

주의할 점! hundred는 백이죠?
one, two 등과 같은 숫자와 쓸 때 s를 붙이지 않아요.

그럼 퀴즈!
다음 숫자는 영어로 올바르게 읽었을까요?

**400**
**four hundreds**

땡!!!!!

왜?
뭐가 틀린 거지?

**four hundreds**

s를 붙이지 아니하옵니다.
잠시 후 배울, thousand(1천)/ million(1백만)/ billion(10억)도 마찬가지예요.
숫자와 쓸 때 s를 붙이지 않습니다.
꼭 기억해 두세요.

# 영어로 큰 수 읽어 보기

우리 앞에서 숫자 532, 307, 274를 읽어 봤죠?

그렇게 세 자리 숫자만 읽을 수 있으면
어떠한 큰 수도 읽을 수 있어요.

왜냐?

세 자리로 끊어서 읽고,
끊어 주는 쉼표 이름만 알면 되거든요.

쉼표 이름은
또 뭐람….

자, 아래 숫자를 보세요.

**1,000,000,000**

빨간색으로 표기한 쉼표 보이죠?
이 쉼표들의 이름을 소개합니다!

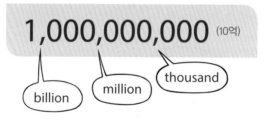

billion 10억, million 1백만, thousand 1천
이 세 가지 단위만 알고 있어도
수억까지 영어로 읽을 수 있답니다.

물론 수는 계속 커질 수 있지만
우리는 10억 단위까지만 볼게요.

1,000 (1천) thousand
1,000,000 (1백만) million
1,000,000,000 (10억) billion

(숫자 끝에서) 첫 번째 쉼표 = 천 = thousand = 공 3개
(숫자 끝에서) 두 번째 쉼표 = 백만 = million = 공 6개
(숫자 끝에서) 세 번째 쉼표 = 10억 = billion = 공 9개

숫자도 어렵고
영어도 어렵네.

설명이 어렵죠?
예제를 보면서 익혀 볼게요.

다음 숫자는 어떻게 읽을까요?

### 4,723,861

먼저 쉼표 이름을 찾고,
세 자리씩 끊어 읽으면 끝!

**1단계 쉼표 이름 찾기**

### 4,723,861
(million) (thousand)

**2단계 쉼표 단위로 끊어 읽기 + 쉼표 이름**
4 million 723 thousand 861

four **million**, seven hundred (and)
twenty-three **thousand**, eight hundred
(and) sixty-one

자, 요건 어떻게 읽을까요?

340,000,000

**1단계** 쉼표 이름 찾기

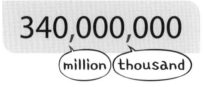

그런데, thousand 앞 세 자리는 모두 000이죠?
thousand는 읽을 필요도 없어요.

**2단계** 쉼표 단위로 끊어 읽기 + 쉼표 이름
340 million
000,000은 무시하면 됨!

three hundred (and) forty **million**

마지막으로 한 문제 더!
읽어 볼까요?

79,000

숫자 끝을 기준으로 쉼표 하나 등장!
쉼표의 이름은 thousand

**1단계** **쉼표 이름 찾기**

79,000
thousand

**2단계** **쉼표 단위로 끊어 읽기 + 쉼표 이름**
79 thousand
000은 무시하면 됨!

seventy-nine **thousand**

숫자 읽는 법과 조금 친숙해졌나요?
다음 Unit에서는 서수의 개념을 살펴볼게요.

CHECK!
TALK!

 100은?

one hundred

 1,000은?

one thousand

 1,000,000은?

one million

 1,000,000,000은?

one billion

# Unit 33

# 영어 숫자!
# 기수와 서수란?

앞에서 기수를 사용해서 큰 수 읽어 보는 연습을 했죠?

기수? 이름이 어렵지만
실체는 그냥 기본 숫자라고 했어요.

기수를 이용해서 전화번호 읽는 법을 연습해 볼게요.

다음 전화번호를 읽어 보세요.

010-1883-4567

우리말로 전화번호 말할 때 숫자를 하나씩 읽죠?
영어도 마찬가지예요.
한 자리씩 읽으면 됩니다.

010-1883-4567

공일공–일팔팔삼–사오육칠

zero one zero, one eight eight three, four five six seven

그런데 우리도 전화번호에 가끔 숫자가 반복해서 있으면
'~ 두 개' 이런 식으로 말할 때도 있잖아요.
아래처럼요!

# 010-1883-4567
공일공–일 팔 두 개 삼–사오육칠
zero one zero, one double eight three, four five six seven

영어에서는 double이라는 표현을 쓰기도 해요.
double에 '두 개로 된'이란 뜻이 있거든요.

eight eight = double eight

참고로 '세 개로 된'은 triple을 써요.

다음 전화번호를 읽어 보세요.

## 205-2556
이공오–이오오육

어랏! 연속으로
5가 두 개 있네?

숫자를 말하는 방법이 딱 한 가지 스타일만 있는 게 아니에요.

two zero five, two five five six

two oh five, two double five six

0을 zero로 읽지만, oh(o)라고 읽기도 해요.
특히 전화번호나 버스 번호 같은 걸 말할 때요.
말하고 싶은 대로 하면 됩니다.
여러분, 전화번호로 꼭 연습해 보세요!

# 연도 말하기

## 1994년
## 2016년

일반적으로 연도는 두 자리씩 끊어 읽어요.

19/94   nineteen ninety-four

20/16   twenty sixteen

그러나 2001과 같은 숫자는 가운데 00이 있어
끊는 것보다 그냥 읽는 게 더 간편하죠?

two thousand (and) one으로 읽어요.

# 시각 말하기

그럼, 시각은 영어로 어떻게 말할까요?

| | | |
|---|---|---|
| | 7시 | seven |
| | 7시 5분 | seven (oh) five |
| | 7시 15분 | seven fifteen |
| | 7시 30분 | seven thirty |
| | 7시 55분 | seven fifty-five |

이것만 알아 둬도 어디 가서 의사소통하는 데 문제없어요!

# 시각 말하기(응용 편)

물론, 시각을 말하는 방법은 다양하답니다.
우리말도 생각해 보세요. 시계 읽는 방법이 여러 가지죠?
머리 아픈 분은 일단 PASS!
응용 표현이 궁금하신 분들만 집중해 주세요.

| | | |
|---|---|---|
| **7시** | 7시 | seven |
| | 7시 정각 | **seven o'clock**<br>'정각'이란 의미로<br>o'clock을 썼어요. |
| **7시 30분** | 7시 30분 | seven thirty |
| | 7시 반 | **half** past(after) seven<br>7시에서 반이나 지나갔다는<br>의미예요. 지나간 '반'을<br>강조하니까 half를 먼저 썼어요. |
| **7시 55분** | 7시 55분 | seven fifty-five |
| | 8시 되기 5분 전 | **five** to(before) eight<br>5분을 강조하기 위해 five를<br>먼저 쓰고, '~전'을 의미하는<br>to(before)를 썼어요. |

~~~~~~~~~~ 여기서 잠깐! ~~~~~~~~~~

 A quarter past seven은 몇 시인가요?

 7시 15분요! quarter가 ¼이란 뜻이랍니다.

1시간은 60분이고, 60분의 ¼은 뭘까요? 바로 15분이죠.
A quarter(15분) past(지난) seven(7시)
'7시 15분 지났어'라는 뜻이니까 seven fifteen과 같은 시간이에요.

to
(~분 전)

past
(~분 지난)

그럼 서수는 뭘까요?

서수는 서열을 나타내는 숫자예요.

# 서수

## 서열을 나타내는 숫자

첫째/첫 번째, 둘째/두 번째, 셋째/세 번째, 넷째/네 번째…
first, second, third, fourth…

서열!
첫 번째, 두 번째, 세 번째
이렇게 쭉 줄을 세울 수 있는 경우 서수를 써요.

자자, 서수를 표로 정리해 볼게요.

| | | | | | |
|------|---------|------|--------------|-------|----------------|
| 1st | first | 11th | eleventh | 21st | twenty-first |
| 2nd | second | 12th | twelfth | 22nd | twenty-second |
| 3rd | third | 13th | thirteenth | 30th | thirtieth |
| 4th | fourth | 14th | fourteenth | 40th | fortieth |
| 5th | fifth | 15th | fifteenth | 50th | fiftieth |
| 6th | sixth | 16th | sixteenth | 60th | sixtieth |
| 7th | seventh | 17th | seventeenth | 70th | seventieth |
| 8th | eighth | 18th | eighteenth | 80th | eightieth |
| 9th | ninth | 19th | nineteenth | 90th | ninetieth |
| 10th | tenth | 20th | twentieth | 100th | one hundredth |

서수는 1부터 5의 형태가 특이하고요,
나머지는 일반적으로 기수에 th를 붙이면 돼요.
물론, 20, 30, 40 등은 y가 없어졌으니 잘 봐야 해요.
형광펜으로 표시한 부분은 스펠링을 한 번 더 확인하세요.
그런데, 잠깐!

숫자에 st, nd, rd, th가 붙어 있죠?
1st, 2nd, 3rd, 30th…
이런 식으로요.

왜?

# 1st first
# 2nd second
# 3rd third
# 4th fourth

숫자 뒤의 문자는 이렇게 서수의 끝소리를 표시한 거랍니다.
first의 st를 1 다음에 써 줬죠? 1st
second의 nd를 숫자 2 다음에 써서 2nd

아, 숫자 다음에 이런 게 붙어 있으면 서수를 의미하는구나~
라고 생각하면 된답니다.

그럼, 서수는 언제 쓸까요?

## 건물에서 층을 말할 때,

몇 번째 층이란 의미로 서수를 쓰고요.

2층 the second floor

3층 the third floor

### 달력에서 **날짜를 말할 때!**

1월 3일은 1월의 세 번째 날이죠?

쓸 때는 January 3rd 이렇게 쓰고

읽을 땐 January (the) third, the third of January 요런 식으로 말해요.

어렵죠?

당황하지 말고 가벼운 마음으로 반복해 보면 익숙해질 거예요!

 기수는 뭐야?

기본 숫자! one, two, three, four···

 서수는 뭐야?

서열을 나타내는 숫자!
first, second, third, fourth···

 2016년을 영어로 말하면?

twenty sixteen

 우리가 결혼한 연도는?

twenty thirteen

# 부사란?
# 형용사와 차이점은?

부사란 무엇일까요?

그림을 보면서 익혀 볼게요.

I ate my lunch. 나는 나의 점심을 먹었다.

어떻게?

quickly '빠르게'

quickly

I ate my lunch. 나는 나의 점심을 빠르게 먹었다.

이 문장에서 quickly가 바로 부사랍니다.
점심을 '어떻게' 먹었는지 부연 설명해 주고 있어요.

정리해 볼게요.

# 부사란?

## 문장에서 부연 설명을 해 주는 말

74

대부분 부사는 이렇게 정리할 수 있어요.

# 뜻 : ~하게
# 형태 : 형용사 + ly

많은 부사의 형태는
형용사에 ly를 붙인 꼴이랍니다.
예를 들어 볼게요.

형용사          부사
# slow - slowly
늦은 – 늦게

# quick - quickly
빠른 – 빠르게

형용사에 ly를 붙이니 부사가 되었죠?

그런데, 다음 형용사처럼 y로 끝나는 형용사는요.

형용사　　　　　부사

# happy - happily

행복한 – 행복하게

# lucky - luckily

운 좋은 – 운 좋게

y를 i로 바꾸고 ly를 붙인답니다.
y의 성격 기억나죠? ㅋㅋ

자, 이번에는 여러분이 문제를 풀어 보세요.

다음 형용사를 어떻게 부사로 만들 수 있을까요?

heavy - (　　　　　　)

y로 끝나니까 y를 i로 바꾸고 ly를 붙이면 끝!

heavily

자! 그럼, 다음 단어 중에서 부사를 찾아보세요.

> tiger
> careful
> sleep
> easily
> carefully

다 찾았나요?
단어를 외울 때 그냥 뜻만 외우지 말고
품사가 무엇인지도 꼼꼼하게 확인해야 한답니다.

tiger 호랑이 명사
careful 조심하는 형용사
sleep 자다 동사
easily 쉽게 부사
carefully 주의 깊게 부사

일반적으로는 형용사에 ly를 붙인 것이 부사라고 기억해 두세요.

# 다양한 부사(심화 편)

ly와 친숙해진 분만 보세요.
모든 부사가 ly를 달고 있으면 참 쉬울 텐데ㅠ
사실 부사의 종류는 다양합니다.

# 부사
# = 부연 설명

문장에서 부연 설명해 주는 말이라고 했죠?
다음 질문에 해당하는 답들이 모두 부사가 될 수 있어요!

방법뿐만 아니라 시간, 장소의 표현들이 부사에 포함되기도 합니다.

자, 그럼 다음 문장에서 부사를 찾아보세요.

(A) Amy met Jack yesterday. Amy는 Jack을 어제 만났다.

(B) He read the book slowly. 그는 그 책을 천천히 읽었다.

(C) I will eat lunch there. 나는 점심을 거기서 먹을 것이다.

(A) '어제'는 언제?에 해당하는 정보니까 부사

(B) '천천히'는 어떻게?에 해당하는 정보니까 부사

(C) '거기에서'는 어디서?에 해당하는 정보니까 부사

(A) yesterday, (B) slowly, (C) there

부사에 대한 개념이 점점 더 모호해지는 거 같다고요?

에궁, 부사가 참 많구나!

방금 문장에서 부사를 다 빼 볼게요.

(A) Amy met Jack. Amy는 Jack을 만났다.
(B) He read the book. 그는 그 책을 읽었다.
(C) I will eat lunch. 나는 점심을 먹을 것이다.

어때요?
부사를 빼도 문장이 되죠?

정리합시다!

**부사는 문장의 필수 단어가 아니다!**
**방법, 시간, 장소 등에 관해 부연 설명을 해 주는 단어이다.**

잠깐!
그럼 부사와 형용사는 뭐가 다를까요?

형용사와 부사의 차이를 알려 줄 탐정님을 초대해 봅시다.

바로 이 기준으로 둘을 구분할 수 있어요!

|  | 형용사 | 부사 |
|---|---|---|
| 뜻 | ~한 | (주로) ~하게 |
| 위치 | ① 명사 앞<br>② be동사 뒤 | 여기저기<br>(부연 설명하고<br>싶은 위치) |
| 역할 | 명사의 모양을<br>설명해 줌 | (명사 빼고)<br>동사, 형용사, 부사,<br>문장의 부연 설명 |

무슨 말이지?

자, 문제를 풀면서 익혀 볼게요.
다음 빈칸에 들어갈 단어는요?

She is a (beautiful / beautifully) girl.

탐정님, 도와주세요.

# 뜻 : 그녀는 아름다운 소녀이다.
# 위치 : 명사 앞
# 역할 : girl(명사) 수식

형용사 beautiful

어때요? 부사와 형용사의 차이점! 정리되었죠?

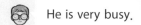 He is very busy.

very는 뭐지?

부사!

부사의 역할은?

명사 빼고, 다른 거 수식!

이 문장에서는 뭘 수식하지?

형용사 busy를 수식!

# 형용사와 부사의
# 형태가 같은 단어

우리 앞에서 형용사와 부사의 다른 점에 대해서 배웠죠?

여기서 끝이 아니랍니다.
형용사와 부사의 형태가 같은 단어들이 있어요.

많지는 않으니까 절망하지 마세요.

# 욕심쟁이 단어

어떤 단어들이 그렇게 욕심이 많은 건지 살펴볼게요!

hard 하면 어떤 뜻이 생각나세요?

# hard

형용사로는 '단단한, 어려운' 이런 뜻이 있고요.
부사로는 '열심히'라는 뜻이 있어요.

# hard

❶ 형용사 : 단단한, 어려운
❷ 부사 : 열심히

이렇게 욕심쟁이 단어들은
형용사도 되고, 부사도 되는 거예요.

다음 문장을 해석해 보세요.

You should study hard.

hard를 어떻게 해석할 수 있을까요?

어려운? 열심히?
물론 문맥에 따라 해석할 수도 있겠지만,
위치와 역할을 따져서 품사를 파악하면 정확해요!

탐정님을 불러 봅시다!

|  | 형용사 | 부사 |
|---|---|---|
| 뜻 | ~한 | (주로) ~하게 |
| 위치 | ① 명사 앞<br>② be동사 뒤 | 여기저기<br>(부연 설명하고<br>싶은 위치) |
| 역할 | 명사의 모양을<br>설명해 줌 | (명사 빼고)<br>동사, 형용사, 부사,<br>문장의 부연 설명 |

**You should study hard.**

1번의 기준 '뜻'이 모호하니까
2번, 3번의 기준으로 살펴보면 되겠죠?

**위치:** study '공부하다' 동사 뒤
**역할:** study '공부하다' 부연 설명

아, 그럼 부사구나!
그래서 '열심히'라는 뜻이구나.

참고로 hardly라고 hard에 ly를 붙이면
'거의 ~않게'라는 부사가 됩니다.

너는 공부를 열심히 해야 한다.

그럼 또 다른 욕심쟁이 단어를 살펴볼게요.
pretty하면 어떤 뜻이 생각나세요? 예쁜?

# pretty

형용사로 쓸 때는 '예쁜'이란 뜻이 있지만
부사로 쓸 때는 '꽤'라는 뜻이랍니다.

# pretty

**❶ 형용사 : 예쁜**
**❷ 부사 : 꽤**

다음 문장을 해석해 봅시다!

I am pretty.

뜻을 모르니까
위치랑 역할을 파악해 보면 되겠죠?

**위치:** be동사 뒤
**역할:** '나(I)'라는 대명사의 모양을 나타내 주는 역할!

그래서 형용사예요!

나는 예쁘다.

그럼, 이 문장은요?

I am pretty tired.

나는 예쁜 피곤한?

그런가?
아닌가?

I am pretty tired.

pretty 품사를 함께 따져 볼게요!

위치는?
be동사 뒤네요.
아! 그럼 형용사인가?

이미 tired(피곤한)란 형용사가 있어요.

be동사 바로 뒤에 와서 형용사처럼 보이지만,
**이미 형용사가 있으니까 부사!**

역할은?

I am pretty tired.

형용사 tired(피곤한)를 부연 설명!
그러니까 '부사'
의미는 '꽤'라는 뜻이랍니다.

나는 꽤 피곤하다.

헷갈린다고요?

형태가 같으니까
뜻과 역할을 잘
봐야겠구나. ㅠ

다행히 우리가 기억해야 할 이런 단어가 많지는 않아요.
욕심쟁이 단어들을 정리해 볼게요.

# early

---

❶ 형용사 : 이른
❷ 부사 : 일찍

# fast

---

❶ 형용사 : 빠른
❷ 부사 : 빨리

# late

---

❶ 형용사 : 늦은
❷ 부사 : 늦게

# much

---

❶ 형용사 : 많은
❷ 부사 : 매우, 정말, 많이

만약 lately라고 하면 '최근에'라는 부사로
late와는 다른 뜻이랍니다.

욕심쟁이 단어들을 문장에서 발견할 때
형용사인지 부사인지 꼭 따져 보세요!

You should study **hard**.

hard는 형용사? 부사?

너는 공부를 열심히 해야 한다. 부사!

This book isn't **hard**.

hard는 형용사? 부사?

이 책은 어렵지 않다. 형용사!

hardly는?

부사. '거의 ~않는'이란 뜻.
She hardly studies.
그녀는 거의 공부를 안 한다.

# 부사의 역할?

우리 지금까지 부사와 형용사를 구분해 봤어요.
그럼 아래 표 기억나나요?

|  | 형용사 | 부사 |
|---|---|---|
| 뜻 | ~한 | (주로) ~하게 |
| 위치 | ① 명사 앞<br>② be동사 뒤 | 여기저기<br>(부연 설명하고<br>싶은 위치) |
| 역할 | 명사의 모양을<br>설명해 줌 | (명사 빼고)<br>동사, 형용사, 부사,<br>문장의 부연 설명 |

# 부사의 역할?

동사, 형용사, 부사, 문장을 부연 설명!
꺅, 역할이 진짜 많죠?

단, 명사는 형용사랑 친구란 점
기억하세요.

먼저 부사가 동사를 꾸미는 경우를 살펴볼게요.

# 동사 부연 설명

(A) Listen carefully. 주의 깊게 들어라.
(B) He finished his work quickly. 그는 그의 일을 빠르게 끝냈다.
(C) I really want it. 나는 정말 그것을 원한다.

(A)에서는 부사 carefully '주의 깊게'가
동사 listen '듣다'의 방법을 알려 주면서 꾸미고 있어요.

(B)에서는 부사 quickly '빠르게'가
동사 finished '끝냈다'의 방법을 나타내며 수식해요.

(C)에서는 부사 really '정말'이
동사 want '원하다'의 정도를 나타내어 꾸미고 있어요.

이처럼 부사는 동사의 부연 설명으로 방법이나, 정도 등을 나타냅니다!

이번에는 부사가 형용사를 부연 설명할 때예요!

# 형용사 부연 설명

She is very pretty. 그녀는 매우 예쁘다.

very 매우(부사)

pretty 예쁜(형용사)

부사 very가 pretty라는 형용사의 정도를 나타내며 부연 설명해 줬어요.

부사가 부사를 부연 설명할 때는요?

# 부사 부연 설명

Thank you very much. 매우 많이 감사합니다.

very 매우(부사)

much 많이(부사)

부사 very '매우'가 정도를 나타내며 much '많이'를 꾸며 줬어요.

부사가 어떻게 문장을 부연 설명할까요?

# 문장 부연 설명

Luckily, I passed the test. 운이 좋게도, 나는 시험을 통과했다.

Luckily 운이 좋게도(부사)

부사가 이렇게 문장을 꾸며 줍니다.

부사는 꾸며 주고 싶은 곳에 따라 여기저기,
비교적 자유로운 위치에 온다는 것도 기억하세요!

예문을 함께 볼게요.

다음 early(일찍)란 부사는 무엇을 꾸밀까요?

I should sleep early. 나는 일찍 자야 한다.

'자다'라는 동사를 꾸며요.

sleep 자다 **동사**

early 일찍 **부사**

다음 예문을 볼게요.

I'm very happy. 나는 매우 행복하다.

부사 very '매우'는 무엇을 꾸밀까요?

very 매우 [부사]
happy 행복한 [형용사]

형용사 happy를 꾸며요.

# QUIZ

**다음 빈칸에 들어갈 말을 써 보세요!**

> 명사를 꾸미는 것은 _____ 이다.
> 동사, 형용사, 부사, 문장 전체를 꾸미는 것은 _____ 이다.

자! 이렇게 정리합시다.
명사를 꾸미는 것은 형용사만 한다. 그래서!
형용사는 명사 앞에 오거나, be동사 뒤에 쓴다.

부사는 명사 빼고 다른 걸 다 꾸민다!
부연 설명하고 싶은 대상 주위에 쓴다.
부사는 주로 ly가 붙어 있지만,
시간, 장소, 정도 등을 나타내는 말들은 ly가 없어도 부사!

**Answers**   형용사, 부사

부사의 역할은?

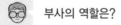
동사, 형용사, 부사, 문장 전체를 부연 설명해.

부사가 하지 못하는 일은?

명사를 꾸미는 것!

He is very angry.
여기서 부사 very의 역할은?

형용사 angry '화난'의 정도를 나타내며 수식!

**Unit 37**

# 빈도부사의 위치

우리 이제까지 부사의 여러 가지 역할에 대해서 배웠죠?

그러나! 부사 중에서도
위치가 자유롭지 못해서 우리가 기억해야 할 부사가 있으니
바로 빈도부사랍니다.

별종!

## 빈도부사

빈도부사란? 간단하게~

# 빈도수를 나타내는 말

자, 저의 질문에 답해 보세요.
"아침에 얼마나 자주 커피를 마시나요?"

다음 중에 여러분은 어디에 해당되나요?

(A) 아침에 항상 커피를 마신다.

(B) 아침에 보통 커피를 마신다.

(C) 아침에 자주 커피를 마신다.

(D) 아침에 가끔 커피를 마신다.

(E) 아침에 좀처럼 커피를 마시지 않는다.

(F) 아침에 전혀 커피를 마시지 않는다.

그럼! 빈도수 기준으로 줄을 세워 볼까요?

(A) 항상
(B) 보통
(C) 자주
(D) 가끔
(E) 좀처럼 ~않는
(F) 전혀 ~않는

여기서 잠깐!

Q '보통' '자주' '가끔', 이 셋이 헷갈려요.

그 말이 그 말 같아!

보통? 자주? 가끔?

A '보통'은 특별한 게 없으면 일반적으로 하는 일이고요.
'자주'는 빈번히 하는 일을 말할 때 써요.
'가끔'은 어쩌다가 한 번 하는 일을 의미하겠죠?

짠, 이렇게 빈도를 나타내는 말은 영어에도 있어요.
밑에 파란 글씨에 해당하는 단어가 바로 빈도부사예요.
큰 소리로 읽어 보세요!

(A) 항상 always
(B) 보통 usually
(C) 자주 often
(D) 가끔 sometimes
(E) 좀처럼 ~않는 seldom
(F) 전혀 ~않는 never

짠! 이렇게 문장 속에 넣을 수 있어요!

(A) I always drink coffee in the morning.

(B) I usually drink coffee in the morning.

(C) I often drink coffee in the morning.

(D) I sometimes drink coffee in the morning.

(E) I seldom drink coffee in the morning.

(F) I never drink coffee in the morning.

문제를 함께 풀어 볼게요.

빈도수에 따른
표현만 기억하면 끝!

다음에 들어갈 빈도부사는 무얼까요?

전 별일 없으면
저녁 6시에 식사해요.

I _____ have dinner at 6. 나는 보통 저녁을 6시에 먹는다.

I **usually** have dinner at 6.

다음 문제도 풀어 볼게요.

He is _____ late. 그는 가끔 지각한다.

답 모두 생각했죠?
가끔!!!

He is **sometimes** late.

자자자, 여기서 끝이 아닙니다!

부사는 보통 위치가 여기저기인데,
**빈도부사는 별종이라 까다로워요.**

아까 푼 예문을 가지고 왔어요.
여기서 빈도부사의 위치를 정리해 보세요.
어디에 있죠?

> I always **have** dinner at 6.
>
> He **is** sometimes late.
>
> I **will** always love you.

위치 파악이 되었나요?
찾았죠?

> I always **have** dinner at 6.
>
> He **is** sometimes late.
>
> I **will** always love you.

# 일반동사 앞, be동사·조동사 뒤

빈도부사는 일반동사 앞/ be동사·조동사 뒤에 와요.
일반동사인 have 앞에 왔고,
be동사인 is 뒤에 쓰고, 조동사 will 뒤에 썼죠?
앞 글자만 기억하면
일반동사 앞, be동사·조동사 뒤

# 일앞비조뒤!

아이코, 어렵나요?
무슨 주문 같기도 하죠.

일앞비조뒤?

연습하다 보면 감이 생길 거예요!

같이 연습해 볼게요!
자~ 여기 사랑을 고백하는 한 남자가 있어요.

(A) You are beautiful.

(B) You make me happy.

(C) I will love you.

내 마음이 100% 변하지 않을 것임을 나타내기 위해!
'항상'이란 뜻의 always를 넣어서 말해 볼까요?

# always

## 일앞비조뒤!

(A) You are always beautiful. 너는 항상 아름다워.
(B) You always make me happy. 너는 항상 나를 행복하게 해.
(C) I will always love you. 나는 너를 항상 사랑할 거야.

(A) be동사 are 뒤에 always 등장
(B) 일반동사 make 앞에 always 등장
(C) 조동사 will 뒤에 always 등장

빈도부사의 위치가 파악되었죠?
다음 Unit에서는 지금까지 공부한 내용을 테스트하는 시간을 가질게요!

116

## 여기서 잠깐!

Q  영작하다 보면, 조동사랑 be동사가 같이 있는 문장이 있더라고요.
이때는 어디에 빈도부사를 넣어야 할까요?

A  I will always be with you. 나는 항상 너와 함께 있을 거야.
문장에서 먼저 등장하는 조동사를 기준으로 잡고,
조동사 뒤에 빈도부사를 쓰면 됩니다.

빈도부사란?

빈도수를 나타내는 말!
always, usually, often,
sometimes, seldom, never

 빈도부사의 위치는?

일반동사 앞, be동사와 조동사 뒤!

 "나는 너를 항상 사랑할 거야"를 영어로 말하면?

I will always love you.

 Me, too.

손발이 오글오글,
도저히 못 하겠어!

# 형용사 & 부사 Test

**A** 다음 중 빈칸에 들어갈 수 <u>없는</u> 것을 고르세요.

Amy is a _____ girl.

**1** smart **2** nice **3** happily

**4** tall **5** pretty

형용사와 부사를 구별하는 문제랍니다.

Amy는 _____ 소녀이다.

빈칸은 명사인 girl(소녀)을 꾸미는 자리예요.
명사 앞! 그래서 형용사가 들어가야 해요.
보기에서 형용사가 아닌 것은 3번 happily(행복하게)

**1** 똑똑한 **2** 멋진 **3** 행복하게 **4** 큰 **5** 예쁜
happy(행복한)라는 단어라면 빈칸에 들어갈 수 있겠죠?

<u>Answers</u> 3

**B** 다음 중 빈칸에 들어갈 수 <u>없는</u> 것을 고르세요.

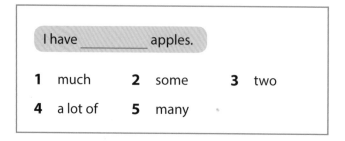

I have _____ apples.

**1** much　　**2** some　　**3** two

**4** a lot of　　**5** many

수나 양을 나타내는 형용사에 대해서 묻는 문제예요.

나는 _____ 사과를 가지고 있다.

apple은 셀 수 있는 명사랍니다.

much와 many는 뜻이 모두 '많은'으로 같지만
much는 셀 수 없는 명사와 쓰고, many는 셀 수 있는 명사랑 씁니다.

a lot of, some, any는 셀 수 있는 명사 / 셀 수 없는 명사
구분 없이 모두 쓴다는 것도 기억하세요.

Answers　1

**C** 다음 빈칸에 알맞은 말을 넣으세요.

---

> 3,529,000
>
> three _____, five hundred (and) twenty-nine _____.

---

숫자 읽는 문제죠?
쉼표 이름만 알면 풀 수 있어요.

3,529,000

백만을 의미하는 million 천을 의미하는 thousand
million과 thousand에 s를 붙이면 안 됩니다!
참고로, 10억을 나타내는 단위는? billion

**D** 다음 밑줄 친 단어의 품사를 고르세요.

---

**1** This mattress is <u>hard</u>. (형용사 / 부사)

**2** He is a <u>hard</u> worker. (형용사 / 부사)

**3** I really worked <u>hard</u>. (형용사 / 부사)

---

hard는 형용사, 부사의 기능을 하는 욕심쟁이 단어예요.
이럴 때 당황하지 말고, 우리 탐정님을 불러야겠죠.
누가 형용사고, 누가 부사인지!

**1** 이 매트리스는 딱딱하다.
　뜻: 딱딱한
　위치: is(be동사) 뒤
　역할: 명사 This mattress(매트리스)를 꾸며 줌

**2** 그는 열심히 하는 일꾼이다.
　뜻: 열심히 하는
　위치: 명사 worker(일꾼) 앞
　역할: 명사 worker(일꾼)를 꾸며 줌

**3** 나는 정말로 열심히 일했다.
　뜻: 열심히
　위치: 동사 worked(일했다) 뒤
　역할: 동사 worked(일했다)를 꾸며 줌

<u>Answers</u>　1. 형용사　2. 형용사　3. 부사

122

**E** 다음 문장에서 'always'가 들어갈 알맞은 곳을 고르세요.

I ① get ② up ③ at seven ④ o'clock.

빈도부사의 위치를 묻고 있어요.

나는 항상 7시에 일어난다.

빈도부사는 보통 일반동사 앞, be동사 조동사 뒤에 쓴다고 했죠?
여기서 get up이 '일어나다'라는 뜻으로 일반동사니까
get up 앞에 쓰면 됩니다!

Answers  ①

PART 6

# 비교급 & 최상급

## Unit 39 ~ 43

고딸은 세상에서 제일 예쁘다.

이 문장을 말하려면 Part 6는 필수!

# 비교급 만들기:
# er 붙이는 방법

비교급에 대해 알아볼게요.

여기 Amy가 있어요. 다음 문장을 어떻게 영어로 말할까요?

Amy is _____. Amy는 키가 크다.

tall(키가 큰, 형용사)이 들어가겠죠?

Amy is **tall**.

이번에는 Amy와 Lucy가 있어요.
Amy의 키를 Lucy와 비교해서 말할 수 있어요.

**Amy is taller** than **Lucy.** Amy는 Lucy보다 키가 더 크다.

'~보다 더 ~하다'라는 영어 문장에는 er과 than이 있어요.
이렇게 정리해 볼까요?

# 비교 문장 만들기

# 더 (형용사/부사) + er 비교급
# 보다 than

예문을 보면서 익혀 볼게요.
빈칸에 들어갈 말은 뭘까요?

She is _____ _____ him. 그녀는 그보다 더 나이가 많다.

형용사 old는 '나이 든'
er을 붙이면 '더 나이 든 (더 나이 많은)'이란 뜻!
than은 '~보다'

She is **older than** him.

다음 예문을 볼게요.

He can run _____ _____ her. (fast)
그는 그녀보다 더 빨리 달릴 수 있다.

부사 fast는 '빠르게'
fast에 er을 붙이면 '더 빠르게'
than은 '~보다'
조금 감이 오나요?

He can run **faster than** her.

비교하는 문장! 하면 **er**과 **than**을 기억하세요.

'더'의 의미로 형용사나 부사에 er을 붙이고요.
'보다'의 의미로 than을 씁니다.
그런데 여기서 끝이 아니랍니다.

# er을 붙이는 깨알 법칙

헉, 두려운
깨알 법칙!

당황하지
마세요.

예전에 동사 과거형에 ed를 붙이는 법칙이랑 비슷해요!
1권의 Unit9에서 나왔어요.

자, 그럼 깨알 법칙들을 소개합니다.
짝짝짝!

# ❶ 대부분 -er

small - smaller 작은 – 더 작은

# ❷ e가 있음 r만 붙여!

nice - nicer 멋진 – 더 멋진

# ❸ 맨 끝을 좋아하는 y 변신

busy - busier 바쁜 – 더 바쁜

easy - easier 쉬운 – 더 쉬운

# ❹ 우리는 하나 더!

big - bigger 큰 – 더 큰

hot - hotter 뜨거운 – 더 뜨거운

단모음(모음이 하나) 다음에 단자음(자음이 하나)이 오면 쌍둥이가 된다고 했어요.

쌍둥이? 어디서 들어 봤더라?

헷갈리시면 1권 103쪽을 참고하세요!

다음 문제를 풀어 볼게요.

| | |
|---|---|
| (A) strong - (      ) | 힘이 센 – 더 힘이 센 |
| (B) early - (      ) | 일찍 – 더 일찍 |
| (C) thin - (      ) | 마른 – 더 마른 |
| (D) wise - (      ) | 현명한 – 디 현명한 |

(A) strong

일반적으로 er만 붙이면 된다고 했죠?

(B) early

y로 끝났으니까 i로 변신하고 er을 붙였어요.

(C) thin

모음이 i 하나, 즉 단모음 뒤에 자음 n이 하나 왔으니까
이때는 쌍둥이가 된다고 했죠?

(D) wise

wise는 e로 끝나니까 r만 붙여요.

(A) stronger (B) earlier (C) thinner (D) wiser

**CHECK! TALK!**

 '나는 너보다 키가 더 크다'를 영어로 말하면?

I'm taller than you.

 tall에 er이 왜 붙어 있지?

'더 큰'이라고 말하기 위해서!

 than은 무슨 뜻?

'~보다'

134

# 비교급 만들기:

# more 붙이는 방법

우리 앞에서 비교급 만드는 법을 배웠어요.
문제는 er을 붙이는 법칙이 통하지 않을 때예요.

여기 단어를 보세요.

# beautiful

beautiful(아름다운, 형용사)이 있어요.
이 단어에 비교급을 나타내는 er을 붙여 보세요.
beautifuler?

단어 자체가 너무 길어지죠?
발음하기 힘들게 말이에요.

이럴 때는 er이 아니라
단어 앞에 more를 붙입니다!

**beautifuler (X)**
**more beautiful (O)**

자, 정리해 봅시다.

단어가 짧을 경우에는 '더'의 의미로 단어에 er을 붙이지만,
단어가 길 경우에는 단어가 너무 길어지니까
단어 앞에 more를 붙인다!

# 비교 문장 만들기

더 [짧은 단어] (형/부) + er
[긴 단어] more + (형/부)

## 보다 than

짧은 단어는
뒤에 er!

긴 단어는
앞에 more!

퀴즈를 풀어 봅시다.
다음 형용사의 비교급을 만들어 보세요.

er 또는 more를
쓰면 되는군!

| | | |
|---|---|---|
| (A) cold - ( | ) | 추운 – 더 추운 |
| (B) long - ( | ) | 긴 – 더 긴 |
| (C) dark - ( | ) | 어두운 – 더 어두운 |
| (D) careful - ( | ) | 조심하는 – 더 조심하는 |
| (E) important - ( | ) | 중요한 – 더 중요한 |
| (F) interesting - ( | ) | 흥미로운 – 더 흥미로운 |

**짧은 단어는 뒤**에 **er**을
**긴 단어는 앞**에 **more**를 씁니다.

(A) colder (B) longer (C) darker (D) more careful
(E) more important (F) more interesting

문장을 보면서 연습해 볼게요.

The apples are _____ _____ _____ the oranges. (expensive)

사과가 오렌지보다 더 비싸다.

빈칸에 들어갈 단어를 모두 생각했죠?

expensive가 긴 단어이기 때문에

뒤에 er을 붙이는 게 아니라, 앞에 more를 써야겠죠?

The apples are **more expensive than** the oranges.

이번에는 퀴즈!
어떤 말이 빈칸에 들어갈 수 있을까요? 1-4번 중에 골라 보세요.

Strawberries are _____ than grapes.
딸기가 포도보다 더 맛이 있다.

① delicious         ② deliciouser
③ more delicious    ④ more deliciouser

delicious는 긴 단어이기 때문에
more를 붙여서 비교급을 만들어요.
4번처럼 more를 앞에 붙이고 뒤에 er을 붙이면 아니 되옵니다.

③ more delicious

delicious는 '맛있는'이란 뜻이에요.

그런데 여기서 궁금증이 생기죠?

음, 단어가 얼마나 길어야 more를 붙이나요?

단어의 길이를 세는 기준은 바로 '음절'의 개수예요.

끄악. 음절이 뭐지?
'**음**'은 '**음**악'의 **음**을 의미하는데요. 소리!

음=소리!

'**절**'은 '관**절**이 쑤시다' 할 때 그 **절**과 같은 뜻!
마디를 의미해요.

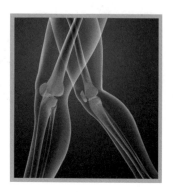

단어의 소리에서도 마디를 나눠 볼 수가 있어요! 어떻게요?
마디의 기준은, 바로 '모음'이에요!

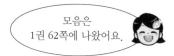

모음은
1권 62쪽에 나왔어요.

a, e, i, o, u로 소리 나는 게 모음이라고 했죠?

모음 소리가 한 개면 1음절
모음 소리가 두 개면 2음절
모음 소리가 세 개면 3음절이에요.

예를 들어 볼게요.

# tall

발음해 보니 [톨] 1음절이죠!
'ㅗ' 발음이 한 개 있어요.


한 문제 더!

# large

흠, 왠지 스펠링에 a하고 e 모음 철자 두 개가 있으니까 2음절 같죠? 땡!
발음을 확인해 봐야 해요.
'라ㅈ'


이렇게 단어 끝에 e가 있을 때는 소리를 내지 않습니다.
'라지' 아니고 '라ㅈ'라고 읽어야 해요.
그래서 1음절이에요!

어렵다고요? 다음은 몇 음절일까요?

# beautiful

발음을 해 볼까요?

뷰 / 티 / 풀
beau / ti / ful

이렇게 나눠서 발음되죠? 그래서 3음절!
헷갈린다고요?

사전에 찾아보면, 단어마다 음절 표시가 다 되어 있어요!

**beau·ti·ful** 미국·영국
[bjúːtəfəl]
**형용사** ① 아름다운 ② 멋있는
③ 예쁜 ④ 훌륭한

' · '으로 음절의 마디 표시가 되어 있죠?
마디를 두 개 나눴으니까 3개의 소리 단위가 존재해요. 3음절!

이런 게 있구나, 느낌만 알아도 성공!
잘 모르겠으면 그냥 짧은 단어는 er,
긴 단어는 more라고 기억해도 괜찮아요.

정리할게요. 비교급 만들 때!

# 짧은 단어(1음절, 가끔 2음절도 포함)에는 뒤에 er을 붙임

# 긴 단어(대부분 2음절, 3음절 이상)는 앞에 more를 붙임

음절별 비교급 만드는 법은 워크북(93쪽)에 잘 정리되어 있어요.

'꿀이 설탕보다 더 비싸다'를 영어로 말하면?

Honey is **more expensive** than sugar.

 expensive 앞에 more가 붙은 이유는?

비교급으로 '더 비싼'을 나타내기 위해서!

 왜 er을 안 붙이고, more를 썼지?

단어 expensive가 길어서!

 단어의 길이를 구분하는 기준은?

음절!

# 비교급 불규칙변화

우리 지금까지 형용사 / 부사에 er을 붙이거나, more를 붙여서
비교급 만드는 법을 배워 봤어요.

er도 싫고, more도 싫어하는 형용사 / 부사가 있어요.
지금부터 그 단어들을 소개합니다.

# 비교급 만들기 불규칙

두려워요! 불규칙!

다행인 건, 엄청 많지는 않아요.
그중에서도 자주 쓰는 단어들만 정리했어요.
눈 크게 뜨고 보세요.

불규칙으로 변신하는 단어들을 공개합니다.
큰 소리로 읽어 보세요.

| 단어 | 뜻 / 품사 | 비교급 |
|------|-----------|--------|
| good | 좋은 (형용사) | better |
| well | 잘 (부사) | better |
| bad | 나쁜 (형용사) | worse |
| many | 많은 (형용사) | more |
| much | 많은 (형용사) | more |

잘깐! much랑 many가
똑같은 단어 아니냐고요?
차이가 궁금하면 Unit30에서
복습하고 오세요.

자, 이제 불규칙 변화형이 익숙해지도록 연습해 볼게요.

I feel good. 나는 기분이 좋다.

이 문장을 비교하는 문장으로 만들어 볼게요.
good을 변형해서 밑에 문장을 완성!

I feel _____ than yesterday. 나는 어제보다 기분이 좋다.

good의 비교급은?
바로 better!
처음에는 낯설지만 계속 쓰다 보면 익숙해져요.

I feel **better** than yesterday.

His grade is bad. 그의 성적은 나쁘다.

bad를 이용해서
비교급 문장을 완성해 보세요.

His grade is _____ than mine. 그의 점수는 나의 것보다 더 나쁘다.

완성했나요?
bad의 비교급은 worse!

His grade is **worse** than mine.

자, 함께 정리해 볼게요.
비교급 만들 때, 단어가 짧으면 er, 길면 more를 붙이고
불규칙이면 불규칙 변화형으로 바꾸면 되겠죠?

# QUIZ

다음 중 밑줄 친 부분이 잘못된 것을 모두 골라 바르게 고쳐 보세요.

> (A) China is bigger than Korea.
> 중국은 한국보다 크다.
>
> (B) This new computer is gooder than the old one.
> 이 새 컴퓨터는 오래된 컴퓨터보다 더 좋다.
>
> (C) His hair is more longer than yours.
> 그의 머리카락은 너보다 더 길다.

(A) big의 비교형이에요.
big은 단모음 i 다음에 단자음 g가 왔으니까 쌍둥이가 되었죠?
그래서 맞아요!

(B) good의 비교급! er을 붙이면 될 것 같지만?
불규칙이라서 better라고 씁니다.

(C) long의 비교급은? er만 붙이면 됩니다.
more는 단어가 길어질 때 붙인다고 했어요.

**Answers**   (B) better  (C) longer

151

# QUIZ

다음 중 밑줄 친 부분이 잘못된 것을 모두 골라 바르게 고쳐 보세요.

> (A) Health is <u>importanter</u> than wealth.
> 건강은 부보다 중요하다.
>
> (B) This chair is <u>more comfortable</u> than that one.
> 이 의자는 저 의자보다 편하다.
>
> (C) Trains are <u>fast</u> than buses.
> 기차는 버스보다 빠르다.

(A) 형용사 important(중요한)예요. 발음해 보세요. 길죠?
　　이럴 때는 er을 붙이는 게 아니라 앞에 more를 써요.

(B) 형용사 comfortable(편한)이에요.
　　발음해 보면 어떤가요? 길죠? 그래서 단어 앞에 more를 썼답니다.

(C) 문장에 than을 보니 비교하는 문장이죠?
　　기차와 버스를 비교하기 때문에 fast를 비교형으로 만들어 줍니다.
　　짧은 단어이기 때문에 er을 붙이면 끝!

<u>Answers</u>　(A) more important　(C) faster

152

CHECK!
TALK!

 good, well의 비교급은?

 better

 bad의 비교급은?

worse

 many, much의 비교급은?

more

# 형용사 최상급

우리 지금까지 비교급 만드는 법을 배웠어요.
드디어 최상급!

최상급은요.

'**제일**', '**가장**'을 나타낼 때 써요.

154

이전에 배운 비교급의 개념이 잘 잡혀 있으면
쉽게 적용할 수 있어요.

비교급 다 기억나죠?

아, 앞에서
배웠구나~!

되새겨 볼게요.

# 비교급 만들기

**짧은 단어** (형/부) + er

**긴 단어** more + (형/부)

**불규칙** better, worse, more...

최상급도 비교급처럼 정리할 수 있어요.
자~ 한번 볼까요?

# 최상급 만들기

---

짧은 단어 **형 + est**

긴 단어 **most + 형**

불규칙 **best, worst, most...**

뭔가 비교급이랑 비슷한 듯 다른 듯, 헷갈리죠?
문장에 적용하는 법을 살펴볼게요.

## 최상 표현 (짧은 단어)

---

**특정함을 나타내는 the**

**가장 ~한 형용사 + est** 최상급

짧은 형용사로 최상을 나타내는 문장을 만들 때는
단어 앞에 일반적으로 the를 쓰고, 최상급으로 단어 끝에 est를 붙여요.
(최상을 나타내는 특정 대상이니까 a가 아니라 the를 써요.)

예를 들어 볼게요.

이 학교는 도시에서 가장 오래된 건물이다.

**This school is the oldest building in this city.**

'가장 오래된'이란 의미를 나타내기 위해
the를 붙이고 old란 형용사를 oldest로 바꾼 거예요.

에베레스트 산은 세상에서 제일 높은 산이다. (high)
Mount Everest is _____ _____ mountain in the world.

빈칸에 들어갈 말! 다 결정했지요?
그럼, 정답 확인!

high라는 형용사 앞에 the를 쓰고 끝에 est를 붙였어요.

Mount Everest is **the highest** mountain in the world.

최상급을 만들 때는 비교급을 만들 때처럼
깨알 법칙이 적용됩니다.

# est를 붙이는 깨알 법칙

## ❶ 대부분 est를 붙인다!

small - smallest 작은 – 가장 작은

## ❷ e로 끝나는 단어에는 st만 붙인다!

nice - nicest 멋진 – 가장 멋진

## ❸ y로 끝나는 단어는 y를 i로 바꾸고 est를 붙인다!

easy - easiest 쉬운 – 가장 쉬운

## ❹ 단모음 + 단자음은 쌍둥이로 만들고 est를 붙인다!

big - biggest 큰 – 가장 큰

# 최상 표현 (긴 단어)

## 특정함을 나타내는 the
## 가장 ~한 most + 형용사 [최상급]

비교급에서도 짧은 단어에는 단순히 er을 붙였지만
긴 단어에는 앞에 more를 붙였죠?

최상급도 같은 원리예요.

~~beautifulest~~

most beautiful

단어가 길 때는 est를 붙이지 않고,
most를 앞에 씁니다.

비교급과 같은 원리이니까
간단하게 넘어갈게요.

그런데 짧은 단어, 긴 단어! 이게 끝이 아니랍니다.

뭐가 또 있어?

바로!

# 불규칙

밑에 표 기억나나요? 비교급 때 배웠죠?
최상급까지 함께 기억해 두세요.

| 단어 | 뜻 / 품사 | 비교급 | 최상급 |
|------|-----------|--------|--------|
| **good** | 좋은 (형용사) | better | best |
| **well** | 잘 (부사) | better | best |
| **bad** | 나쁜 (형용사) | worse | worst |
| **many** | 많은 (형용사) | more | most |
| **much** | 많은 (형용사) | more | most |

문제를 풀면서 익혀 볼게요.

오늘은 1년 중 가장 더운 날이다. (hot)
Today is _____ _____ day of the year.

가장 더우니까 최상급을 써야겠죠?
hot은 짧은 단어니까 est가 붙어요!

Today is **the hottest** day of the year.

근데, 왜 hot 다음에 t가 하나 또 붙어 있을까요?
깨알 법칙 4번에 해당!

어제는 내 인생에서 최악의 날이었다. (bad)
**Yesterday was _____ _____ day of my life.**

최악 = 가장 나쁜 날
어떻게 최상급을 쓸까요?
bad는 불규칙 최상급형으로 worst를 씁니다.

bad − worse − worst

이렇게 외워 두세요!

**Yesterday was the worst day of my life.**

두둥!
다음 Unit에는 지금까지 배운 비교급과 최상급을 복습해 볼게요!

He is the richest man in this town.

richest는?

'가장 부유한'이라는 최상급!

He is the most popular man in this town.

most popular는 무슨 뜻?

'가장 인기 있는'이란 뜻!
단어가 길어서 형용사에 most를 붙임.

Mr. Smith is the best math teacher.

best는 good의 불규칙 최상급!

# 비교급 & 최상급 Test

**A** 형용사의 비교급, 최상급이 <u>잘못된</u> 것은?

---

**1** happy - happier - happiest

**2** nice - nicer - nicest

**3** many - much - most

**4** big - bigger - biggest

**5** expensive - more expensive - most expensive

---

**1** y로 끝났으니까 y를 i로 고친 후 비교급에는 er, 최상급에는 est!

**2** e로 끝났죠? 이럴 때는 er이 아닌 r만 붙이고
최상급에도 est가 아닌 st만 붙인다고 했어요. 왜냐? e가 이미 있으니까요.

**3** many(많은)는 규칙이 통하지 않는다고 했죠? 마음대로 변신해요!
many – more – most, 비교급에 much를 more로 바꿔야 해요.

**4** 단모음 i 다음에 단자음 g가 왔어요. 이럴 경우, 쌍둥이가 된다!

**5** 단어를 발음해 보세요. 길죠?
이럴 경우, 비교급에는 more, 최상급에는 most를 붙인다고 했어요.

<u>Answers</u>   3

**B** 다음 중 빈칸에 들어갈 수 <u>없는</u> 것을 고르세요.

---

Ann is more _____ than Lucy.

**1** intelligent    **2** old        **3** popular

**4** beautiful    **5** diligent

---

Ann은 Lucy보다 더 _____ 하다.

than이 '~보다'를 의미하니까 비교하는 문장이겠죠?
more는 언제 쓴다? 단어가 길 때!
단어가 짧을 때는 단어 뒤에 er을 붙인다고 했어요.
보기 중에서 짧은 단어는 단 하나!
바로 old(오래된, 나이 든)가 정답!

Ann is older than Lucy.라고 써야 올바른 문장이에요.

**1** intelligent(지적인)   **2** old(오래된, 나이 든)   **3** popular(인기 있는)
**4** beautiful(아름다운)   **5** diligent(부지런한)

## C 다음 어법에 알맞은 것을 고르세요.

---

**1** This hat looks (good / better / best) than that cap.

**2** Amy is the (taller / most tallest / tallest) in the class.

**3** The Nile River is the (longer / most long / longest) river in the world.

**4** Tigers are (dangerouser / more dangerous) than sharks.

---

**1** 이 모자가 저 모자보다 더 좋아 보인다.
문장에 than이 있어요. '~보다'를 의미하죠?
그러니까 비교급이 들어가야 합니다. better는 good의 비교급!

**2** Amy는 그녀의 반에서 가장 키가 큰 소녀이다.
딱 보니까 비교하는 문장은 아니죠? the 형용사 est로 된 최상 표현을
묻는 문제예요. tall은 짧은 단어니까 most tallest는 틀린 답!

**3** 나일 강은 세계에서 가장 긴 강이다.
앞에 2번과 마찬가지로 the 형용사 est 최상 표현을 묻는 문제예요.
long 발음도 역시 짧기 때문에 more를 붙이지 않고
그냥 뒤에 est만 붙여요.

**4** 호랑이는 상어보다 더 위험하다.
than이 '~보다'를 의미하죠? 비교하는 문장이니, er이나 more를 붙여야
하는데요. dangerous(위험한)를 발음해 보세요. 길죠?
그래서 단어 앞에 more를 붙여요.

Answers    1. better   2. tallest   3. longest   4. more dangerous

# D 다음 빈칸에 알맞은 것을 고르세요.

> July is the _____ month of the year.
>
> **1** hot     **2** hotter     **3** hottest
>
> **4** most hot     **5** most hottest

7월은 일 년 중 가장 더운 달이다.

맞아요. 7월은 덥죠?
최상 표현을 만들 때 the를 쓰고 최상급으로 형용사 est를 쓰니까
3번이 정답이에요. most는 단어가 길 때만 쓴다는 거 기억해 두세요.

근데 왜 hotest가 아니라 hottest로 t가 두 개나 있을까요?
바로 단모음 o 다음에 단자음 t가 나와서 쌍둥이가 되었기 때문이랍니다.

Answers   3

**E** 다음 빈칸에 알맞은 것을 고르세요.

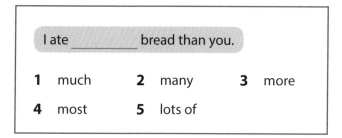

I ate _____ bread than you.

**1** much  **2** many  **3** more

**4** most  **5** lots of

나는 너보다 빵을 더 많이 먹었다.

than에 동그라미 하세요. '～보다'를 의미하죠?
앞에는 비교급 형용사가 나와야 해요.

much – more – most
much의 비교급은 more가 됩니다.

PART **7**

# 전치사 & 접속사

Unit
11 ~ 19

문장이
풍요로워지려면?

전치사와 접속사는
필수 아이템!

문장

접속사

전치사

# 전치사란?
# 다양한 전치사 정리

이제부터 전치사에 대해서 배워 볼게요.

어디서 들어 본 것 같지 않나요?

처음이라고요?

1권에서 대명사를 배울 때 283쪽에서 잠깐 전치사가 나왔어요.

그때는 자세히 설명한 것이 아니라서 기억 안 나는 게 당연해요.
그래도 전치사라고 하면, 떠오르는 한자가 있을 거예요.

바로 **앞 전**! 요것이 생각나야 해요.
전치사의 '전'이 '앞 전'을 의미해요.
앞? 무슨 앞? 바로 **명사 앞에 쓰는 게 전치사**랍니다.

꼭 기억하세요.

## 전치사 + 명사(대명사)

전치사는 명사(대명사) 앞에 쓴다.

전치사 + 명사는 한 보따리로 같이 쓴다.
이 전치사에 해당하는 단어들은 많아요.

at(~에), on(~위에), in(~안에)
for(~를 위해), from(~로부터), before(~전에)
under(~밑에)…

전치사는 문맥상 뜻도 다양하답니다.

아이코, 머리야!

전치사는
왜 쓰지?

지금까지 동사, 형용사, 명사, 부사까지 익혔으면 충분하지
왜 또 전치사 같은 걸 쓸까요?

# 문장에 추가 정보를
# 제공하려고!

이 말이 더 어렵죠? 예를 들어 볼게요.

I will see him. 나는 그를 만날 거야.

몇 시에?

I will see him at 3 o'clock. 나는 그를 3시에 만날 거야.

시간에 대한 정보를 **전치사 + 명사**로 추가해 주고 있어요.

# at 3 o'clock

## 전치사 + 명사

at은 '~에'라는 뜻을 가진 전치사!
at 다음에 명사 3 o'clock(3시)이 오죠~

또 다른 예를 볼게요.

I got married. 나는 결혼했다.

멎 월에?

I got married in October. 나는 10월에 결혼했어.

'몇 월'에 해당하는 정보를 추가해 줬어요.
바로 **전치사 + 명사**로요.

# in October

......................................................

# 전치사 + 명사

in은 '~에'란 뜻의 전치사고요. 그다음에 명사가 등장했죠?
조금 감이 오나요? 자주 쓰는 전치사는 워크북에 정리되어 있답니다.

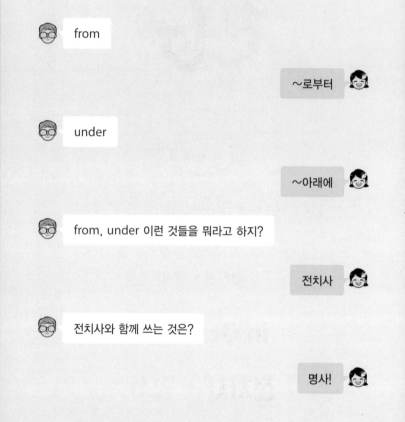

**CHECK! TALK!**

from

~로부터

under

~아래에

from, under 이런 것들을 뭐라고 하지?

전치사

전치사와 함께 쓰는 것은?

명사!

178

# 시간 전치사
# at, on, in 구분하기

지난 Unit에서 다양한 전치사를 만났죠?
중요한 건! 바로 at, on, in을 구분하는 방법이에요.

## at / on / in
## ~에

헉, 뜻이
다 똑같잖아!

**at, on, in** 모두 우리말로 '~에'라는 뜻으로 통해요.

하지만 영어에서는 각각의 용도를 구분해야 합니다.
at, on, in은 어떤 차이가 있을까요?

여기 3단 눈사람이 도와줄 거예요.

이 눈사람의 눈 뭉치에는 각기 이름이 있답니다.

제일 위에 있는 at은 구체적이고 명확한 시간 개념이고요.
눈 뭉치 밑으로 갈수록 넓은 기간을 의미해요.
이게 무슨 말인지 애매하죠?

각각의 특성을 정리해 볼게요.

먼저, at!

at에서 t를 보면 왠지 시계 바늘처럼 생기지 않았나요?
뭔가 딱 떨어지고 날카로운 느낌요!
그 느낌을 기억하세요.

# at 구체적인 시점

at 5:30 5시 30분에

at 2 o'clock 2시에

at noon 정오에

at midnight 자정에

at lunchtime 점심시간에

날카로움으로(?) at은 비교적 명확한 시점에 써요.
말하는 사람, 듣는 사람 모두에게 명확한 시각요.

See you at 2 o'clock. 2시에 만나!

2시(2 o'clock)
정확한 이 느낌! 기억하세요.

두 번째 눈 뭉치 on으로 넘어갈게요.
우리 중요한 날에는 달력에 동그라미를 치죠?

왠지 on의 o를 보면, 달력에 표시한 동그라미가 떠오르지 않나요?

# on 날짜, 요일

on Tuesday 화요일에

on July 15th 7월 15일에

on my birthday 내 생일에

on Christmas Day 크리스마스 날에

날짜, 요일, 특정한 날에 관련될 때는 on을 써요.
앞에 at이 시점 / 시간에 관련되었다면
on은 그보다는 긴 기간인 날짜, 요일, 특정한 날을 의미해요.

마지막 눈 뭉치 in을 볼게요.
in은 일정 기간을 의미해요.

# in 일정 기간 (달, 년, 계절, 기간)

in July  7월에

in 2016  2016년에

in (the) summer  여름에

in the morning  아침에

in the afternoon  오후에

달은 30일 정도 되는 기간을 포함하고 있고요.
년은 365일이나 되는 기간을 포함하고 있어요.

여름도 몇 달이지요.
아침도 몇 시간이고요.
오후도 몇 시간이지요.

모두 일정 시간 / 기간을 포함하고 있어요.

이렇게 at, on, in의 이미지를 머리에 쏙쏙 넣어 두세요.

at — 구체적 시점
on — 날짜, 요일
in — 달, 년, 계절, 기간

전치사는 은근히 까다로워요.
마지막까지 헷갈리는 부분이에요!

하지만 전치사를 잘못 말했다고 큰일 나지는 않아요.
여러분, 스트레스받지 마세요!

까짓 거!
전치사 잘못 써도
말은 통할 테니까!

185

at, on, in을 시간 명사와 같이 쓸 때 뜻은?

~에

 구체적인 시점을 나타낼 때 쓰는 전치사는?

at! at 9 o'clock

 날짜, 요일, 날 앞에 쓰는 전치사는?

on! on Tuesday

 달, 년, 계절처럼 비교적 긴 시간 앞에 쓰는 전치사는?

in! in 2016

# 장소 전치사
# at, on, in 구분하기

장소 전치사에서도 헷갈리는 3인방이 있어요.

이번엔 또 누구?

## at / on / in

어머!
시간 전치사에서 배운 at, on, in?

at, on, in은 다음에 **시간 명사**가 나오면,
'**시간 전치사**' 역할을 하고요.

다음에 **장소 명사**가 나오면,
'**장소 전치사**' 역할을 해요.

전치사의 쓰임이 이만큼 다양하다는 거니까,
잘 구분해 두면 좋겠죠?

시간 전치사와 마찬가지로
장소 전치사도 아주 다양하지만
핵심적인 것들 중심으로 정리할게요.

# at 구체적인 지점
# on 표면과 닿아 있을 때
# in 비교적 넓은 영역 (~안에)

먼저, at!

t의 날카로움으로!

화살표로 딱 구체적인 지점을 가리킬 때 써요.

얼마나 구체적이냐면요.

이야기했을 때 딱 만날 수 있는 그곳요.

# at 구체적인 지점

at the bus stop  버스 정류소에서

at the supermarket  슈퍼마켓에서

at a concert  콘서트에서

at a party  파티에서

at a concert, at a party처럼 행사(?)도 포함해요.

"콘서트에서 만나!" "파티에서 만나!"

조금 느낌이 오죠?

두 번째! on으로 넘어갈게요.

on은 기본적으로 '~위에'라는 의미를 포함하고 있어요.
표면, 즉 위에 닿아 있는 것!

There is a picture on the wall.

벽에 그림이 걸려 있어요. 이때도 on을 써요.
왜냐?
어떤 표면(벽)과 물체(그림)가 닿아 있는 상황이니까요.
수평이나 수직일 때 모두!

이렇게 표면 + 물체를 세트로 보면 돼요!

on a street

on the second floor

거리(위)에, 2층(위)에
이렇게 이미지로 기억해 두세요.

정리해 보겠습니다.

# on 표면과 닿아 있는 것

on a wall  벽에

on a street  길(위)에

on the second floor  2층(위)에

마지막으로 in!

in은 기본적으로 '~안에'라는 뜻이에요.
장소뿐만 아니라 보다 넓은 '영역 / 구역'의 느낌까지 포함해요.

# in 비교적 넓은 영역 (~안에)

in Seoul 서울에

in Korea 한국에

in the lake 호수 안에

in the sky 하늘에

in a store 상점 안에

in a park 공원 안에

도시, 국가! 모두 in을 써요.
크고 넓은 영역이니까요.

호수 영역 안에

in the lake

하늘의 영역 안에

in the sky

네, 가능해요.

그럼 at, in은 무슨 차이?

말하는 의도에 따라 다르게 써요.

at이라고 하면요.

여러 장소 중에서 콕 집어 바로 여기 상점!

at a store

요런 화살표 느낌?

in a store

in을 쓰면요. '상점 안'이라는 표현이에요.
이처럼 말하는 의도에 따라 다양하게 활용 가능합니다.

일단 우리는 at, on, in 기본 개념만 잡아 둡시다!

우리는 지금 어디에 있지?

at home

 우리 집은 몇 층에 있지?

on the fifth floor

 우리는 어느 나라에 살지?

in Korea

# 접속사 정리1

접속사는 뭘까요?

## 접속사 정리1

### 단어+단어

접속사 하면 '**+**' 표시를 기억해야 해요.
'접속사'가 이 '**+**'처럼 단어 또는 문장을 이어 주거든요.

## 접속 = 연결

접속사는 **단어**와 **단어**를 이어 주기도 하고요.
**문장**과 **문장**을 이어 주기도 해요.

# 단어 + 단어

# 문장 + 문장

먼저 접속사로 단어와 단어를 이어 볼게요.
단어와 단어를 연결할 때는 대표적으로 이런 접속사를 많이 써요.

# 단어 + 단어

and  ~와

or  ~또는

but  ~하지만

뜻을 기억해 두세요.

그럼 예문을 볼게요.

다음 문장에서 무엇과 무엇이 연결되어 있을까요?

He likes coffee and cake. 그는 커피와 케이크를 좋아한다.

바로 and(접속사)가

명사인 coffee(커피)와 cake(케이크)를 이어 주고 있어요.

He likes coffee and cake. 그는 커피와 케이크를 좋아한다.

coffee + cake

살짝 느낌 오나요?

한 문장 더 볼게요.

It's cold _____ clear today.  오늘은 춥지만 맑다.

'춥지만'에서
우리는 '~하지만'을 발견할 수 있죠?
but이라는 접속사가
형용사 cold(추운)와 clear(맑은)를 연결해 줄 수 있어요.

It's cold **but** clear today.

아, 이렇게 접속사는 단어와 단어를 이어 주는구나!

주의할 점!
접속사가 단어와 단어를 무조건 연결하는 건 아니에요.
나름대로 기준이 있어요.

연결해 주는 단어의 **품사**가 같아야 해요.
품사? 무슨 말이냐고요?

품사는 단어의 기능으로 나눈 갈래예요.
즉, 우리가 지금까지 배운
명사, 형용사, 동사, 부사, 전치사 보따리 등등을 의미해요.

# 단어 + 단어

명사 + 명사
형용사 + 형용사
동사 + 동사
부사 + 부사
전치사 보따리 + 전치사 보따리

예문을 볼게요.

다음 문장에서 알맞은 단어를 골라 보세요.

She is smart and (beautiful / beautifully). 그녀는 똑똑하고 아름답다.

해석으로만 보면 뭔가 애매하죠?

**smart**가 **형용사**고 and로 이어졌으니까

다음에 나오는 것도 당연히 **형용사**가 되어야 해요.

그래서 형용사인 beautiful(아름다운)이 정답이에요.

smart and beautiful

형용사 + 형용사

~~smart and beautifully~~

~~형용사 + 부사~~

beautifully는 부사니까 and로 연결될 수 없겠죠?

이래서 단어를 외울 때,

명사인지, 동사인지, 형용사인지, 부사인지

구분해서 알아 두면 나중에 편해요.

접속사는 세 개 이상의 단어를 연결할 수 있나요?

네, 있어요!

우리말에서도 이렇게 여러 가지 대상을 이어서 말하죠?
영어로는 어떻게 말할까요?

**I will buy** _____ .

나는 의자 한 개, 책상 한 개, 책 세 권을 살 거야.

이렇게 연결하는 대상이 세 개 이상일 때는
쉼표로 이어 주고 제일 마지막 단어 앞에만 and를 써요.

# 단어 , 단어 and 단어

의자 한 개      책상 한 개      책 세 권

a chair      a desk      three books

그럼 문장을 확인해 볼까요?

I will buy **a chair, a desk and three books.**

이번에는 네 개의 대상을 연결해 볼게요.

I will buy _____ .
나는 사과 한 개, 오렌지 한 개, 배 한 개, 멜론 한 개를 살 거야.

당황하지 마세요.

I will buy **an apple, an orange, a pear and a melon.**

다 쉼표로 연결하고
맨 마지막 단어 a melon 앞에 and를 쓰면 됩니다.
더 많은 대상도 이런 식으로 연결할 수 있어요.


다음 Unit에서는 문장과 문장을 이어 주는
접속사를 살펴볼게요.

and는 무슨 뜻?

~와

or의 뜻은?

~또는

but의 뜻은?

~하지만

and, or, but을 뭐라고 하지?

접속사!

# 접속사 정리 2

접속사 하면 '**+**'가 기억나지요?

이번에는 문장과 문장을 이어 주는 접속사에 대해 공부해 볼게요.
일단 문장이 무엇인지 개념부터 정리하고 넘어갈게요.

문장을 정리한다고?

문장은 무엇일까요?

우선 다음 문제를 풀어 보세요.
문장인 쪽에 동그라미를 해 볼까요?

(A) Two red apples.

(B) I have some apples.

(A)? (B)? 아니면 둘 다?
정답은 (B)랍니다.

왜 (A)는 문장이 아닐까요?
(A), (B)의 단어 수는 비슷한데요.

왜냐면요!
영어 문장(평서문)에는 주어와 동사가 꼭 있어야 하거든요.

여기 문장 기차를 보세요.

# 문장이란?

이 주어-동사의 열차 뒤에 누가 오느냐에 따라
문장의 형식이 구분되는데요.

**우선 꼭 주어, 동사가 있어야 해요.**

주어, 동사란?

주어는? 우리말로 '은/는/이/가'에 해당하고
동사는 '~다'에 해당합니다.

문제로 다시 돌아가 볼게요.

(A) Two red apples.
(B) I have some apples.

(B)만 주어 I(나는), 동사 have(가지다)가 있는 문장이에요.

자, 그럼 어떤 접속사가 문장을 이어 주는지 볼게요.

접속사는 종류도 많고, 뜻도 다양하지만
일단은 and, but, because, so, when의 뜻과 기능을 기억해 두도록 해요.

# 문장 ✛ 문장

and 그리고

but 그러나

because 왜냐하면 (이유)

so 그래서 (결과)

when ～할 때

and, but은 단어와 단어도 이어 주는데,
문장도 이어 주니 정말 쓰임이 다양하죠?

그럼, 바로 문제 적용!

The boy is happy, _____ the girl is sad. 소년은 행복하지만, 소녀는 슬프다.

문장① The boy is happy.

문장② The girl is sad.

두 개의 문장이 이어져 있어요.

어떤 접속사와 함께 써야 할까요?

뜻이 '~하지만'에 해당되니까 정답은 **but**이에요.

The boy is happy, **but** the girl is sad.

다음 문제!

I'm sick _____ I can't go to the park. 나는 아파서 공원에 갈 수 없다.

문장① I'm sick.

문장② I can't go to the park.

역시 두 개의 문장이 이어져 있어요.

'**~해서 ~하다**'라는 의미가 있기 때문에 정답은 **so**!

**so** 다음 **결과**에 대한 문장이 나왔으니까요.

I'm sick, **so** I can't go to the park.

I will go to bed early _____ I'm tired. 나는 피곤하기 때문에 일찍 잘 것이다.

문장① I will go to bed early.

문장② I'm tired.

두 문장을 접속사로 이어 볼까요?
'~하기 때문에/왜냐하면'이란 의미네요.

정답은 **because**!
**because** 다음에는 행동의 원인이 되는 문장이 나옵니다.
**'~하기 때문에/왜냐하면'**을 기억해 두세요.

I will go to bed early **because** I'm tired.

자, 접속사 개념이 조금 잡히나요?
그럼 다음 Unit에서는 전치사와 접속사 문제를 모두 풀어 보세요.

# QUIZ

다음 문장에서 알맞은 접속사를 골라 보세요.

> (A) I like spring (and, so) summer.
> 나는 봄과 여름을 좋아한다.
>
> (B) He was happy (but, because) he got a gift from Amy.
> 그는 Amy로부터 선물을 받았기 때문에 행복하다.
>
> (C) Do you want orange juice (or, but) water?
> 너는 오렌지 주스 또는 물을 원하니?

(A) spring(명사), summer(명사)
 단어를 '~와'라는 뜻으로 이어 주고 있어요.
 and가 정답!

(B) 문장① He was happy.
 문장② He got a gift from Amy.
 두 문장이 하나로 이어진 거죠?
 문장②가 문장①의 원인이니까 because가 정답!

(C) 접속사가 orange juice(명사)와 water(명사)라는 단어를 이어 주었어요.
 or는 '또는'이란 뜻으로 둘 중 하나의 선택을 의미해요.

Answers (A) and (B) because (C) or

CHECK!
TALK!

because의 뜻은?

왜냐하면

so의 뜻은?

그래서

when의 뜻은?

~할 때

이런 접속사의 역할은?

문장과 문장을 이어 준다!

# 전치사 & 접속사 Test

**A** 다음 〈보기〉에서 알맞은 전치사를 골라 문장을 완성하세요.

---

| for | of | to | without | by |
|---|---|---|---|---|

**1** I can't live _____ a cell phone. 나는 휴대 전화 없이 살 수 없다.

**2** This flower is _____ her. 이 꽃은 그녀를 위한 것이다.

**3** I sent an e-mail _____ him. 나는 그에게 이메일을 보냈다.

**4** I went to the supermarket _____ taxi.

나는 택시를 타고 슈퍼마켓에 갔다.

---

**1** '~없이'를 나타내는 전치사는 without

**2** '~을 위해서'를 나타내는 전치사는 for

**3** '~에게'를 나타내는 전치사는 to

**4** '~을 타고'를 나타내는 전치사는 by

다양한 전치사의 뜻을 익혀 두면 문제없어요.(워크북 42~43쪽)

<u>Answers</u>  1. without  2. for  3. to  4. by

**B** 다음 at, on, in 중에 알맞은 것을 골라 문장을 완성하세요.

---

**1**  I was born _____ 1989.

**2**  The class starts _____ 9 o'clock.

**3**  My dad will buy me a new computer _____ my birthday.

**4**  I like swimming _____ summer.

---

**1** 나는 1989년에 태어났다.
'연도' 앞에는 전치사 in

**2** 그 수업은 9시 정각에 시작한다.
'구체적인 시점' 앞에는 at

**3** 아버지는 내 생일에 내게 새 컴퓨터 한 대를 사 주실 것이다.
'특정한 날' 앞에는 on

**4** 나는 여름에 수영하는 것을 좋아한다.
'계절'처럼 긴 기간 앞에는 전치사 in

Answers   1. in  2. at  3. on  4. in

# C 다음 중 어법에 알맞은 전치사를 골라 동그라미 하세요.

---

**1** Amy lives (in, on) America.

**2** The shop is (in, on) the third floor.

**3** I put a poster (in, on) the wall.

**4** See you (at, on) the party.

---

**1** Amy는 미국에 산다.
미국과 같이 넓은 지역 앞에는 전치사 in

**2** 그 상점은 3층에 있다.
3층 위에 있는 거니까 전치사 on

**3** 나는 포스터를 벽에 붙였다.
수직으로 벽에 붙어도 닿아 있는 거니까 전치사 on

**4** 파티에서 만나.
파티처럼 구체적인 행사 앞에는 전치사 at

Answers   1. in   2. on   3. on   4. at

# D 다음 빈칸에 들어갈 수 <u>없는</u> 것을 고르세요.

> Jenny is kind and _____.
>
> **1** pretty     **2** a singer     **3** wise
>
> **4** diligent     **5** smart

Jenny는 친절하고 _____.
kind가 and로 연결되어 있어요.
kind는 형용사이기 때문에 and와 이어지는 것도 형용사가 되어야겠죠?

**1** 예쁜 **2** 가수 **3** 현명한 **4** 부지런한 **5** 똑똑한

singer는 명사니까 같이 연결될 수 없어요.

Answers   2

222

**E** 다음 빈칸에 and, but 중 알맞은 것을 골라 문장을 완성하세요.

---

**1** I bought some mushrooms _____ tomatoes.

**2** He is very old _____ he looks so young.

**3** Andy _____ Mike are good friends.

**4** I like this book, _____ Tim doesn't like it.

---

**1** 나는 버섯과 토마토를 샀다.
두 개를 다 샀다는 의미니까 and로 연결해요.

**2** 그는 매우 나이가 들었지만, 매우 젊어 보인다.
앞 문장과 뒤 문장이 서로 상반되는 내용이에요. 그래서 but을 써요.

**3** Andy와 Mike는 좋은 친구들이다.
둘 다 좋은 친구를 의미하니까 and로 연결해요.

**4** 나는 이 책을 좋아하지만, Tim은 그것을 좋아하지 않는다.
앞 문장과 뒤 문장이 서로 상반되는 내용이죠? 이럴 땐 but을 써요.

<u>Answers</u>   1. and   2. but   3. and   4. but

PART 8

# 다양한 문장

## Unit
## 50 ~ 55

# There is / There are

우리, 문장에 대해 살짝 배웠죠?

은/는/이/가   ~다

주어 + 동사가 들어가 있는 것을 문장(평서문)이라고 한다!

# 평서문 문장

주어 + 동사 순서로 쓴다.

그런데,
앞에서 배운 문장 법칙을 따르지 않는 예외가 있어요.

**예외!!**

바로 이 There is, There are 패턴이에요.
먼저 there의 정체를 파악해 봅시다.

# there 정체 파악하기

우리는 일반적으로 there를
'거기에'라는 뜻의 부사로 생각하지요.
부사는 Unit34에서 배웠어요.

I'll go there. 나는 거기에 갈 거야.

There가 장소의 의미로 '거기에'라고 부연 설명하고 있어요.
그러나 There is, There are처럼 there가
'**There + be동사**'의 구조로 문장 맨 앞에 나오게 된다면
'거기에'라는 뜻을 버리고 그냥 '**~가 있다**'라는 뜻으로 쓰입니다.

# There + be동사

There is

There are

# ~가 있다.

'거기에'라는 뜻이 아니에요!

구분해 볼게요.
다음 중 there가 '거기에'라고 해석되지 않은 것은 무엇일까요?

(A) I will be there soon.

(B) She can't go there.

(C) There is a book on the desk.

'**There + be동사**'가 문장 맨 앞에 나와 있을 때는
'거기에'라는 뜻을 버리고 '**~가 있다**'라고 해석합니다.

(A) 나는 거기에 곧 있을(갈) 것이다.

(B) 그녀는 거기에 갈 수 없다.

(C) 책상 위에 책 한 권이 있다.

(C) **There is** a book on the desk.

이쯤 되면 궁금한 점이 생길 거예요.

There + be동사가 문장 앞에 나오면
주어는 어디에 있는 걸까요?

짠! 주어는 바로!
be동사 뒤에 오지요.

# There + be동사 + 주어

어이쿠!
무슨 공식 같아 보인다고요? 머리 아프죠?

예를 들어 볼게요.

그림을 보세요. 집이 있죠?
'집이 있다'를 영어로 어떻게 말할 수 있을까요?

_____

(a house, is, there) 집이 있다.

There + be동사를 먼저 쓰세요. '집'이 주어죠? 주어를 뒤에 쓰면 됩니다.

There is a house.

## 그럼 There is와 There are의 차이는 뭘까요?

그건 바로?

# 주어가 결정

경우1 **주어가 단수명사일 때 is**
경우2 **주어가 복수명사일 때 are**

be동사 때 배웠던 법칙이 그대로 적용됩니다.

다음 빈칸에 is 또는 are를 넣어 보세요.

(A) There _____ a cat under the table. 테이블 밑에 고양이가 있다.

(B) There _____ some boys in the park. 공원에 몇몇의 소년들이 있다.

(C) There _____ a bus at 10. 10시에 버스가 있다.

머리 아프죠? 누가 결정한다? 바로 **주어**요.

(A) a cat은 '고양이 한 마리'를 의미하니까 단수!
주어가 단수명사일 때는 is를 쓴다.

(B) some boys는 '몇몇의 소년들'을 의미하니까 복수!
주어가 복수명사니까 정답은 are!

(C) a bus는 '버스 한 대'를 의미하니까 단수!
주어가 단수명사이니까 is를 쓰면 되겠죠?

(A) There **is** a cat under the table.
(B) There **are** some boys in the park.
(C) There **is** a bus at 10.

마지막으로 하나 더 눈 크게 뜨고 보세요.

There is, There are가 있는 패턴들은
대부분! 우리가 배운 '전치사 + 명사' 뭉치랑 같이 써요.
왜냐하면 '전치사 + 명사' 뭉치가
'어디에, 언제' 주어가 있는지 설명해 주니까요.
배운 걸 바로 적용할 수 있는 좋은 기회!

아까 푼 예문에서 '전치사 + 명사' 뭉치를 찾아볼래요?

(A) There is a cat under the table.

(B) There are some boys in the park.

(C) There is a bus at 10.

보이나요? 뭉치가?
파란색으로 표시해 봤어요.

(A) There is a cat under the table.

(B) There are some boys in the park.

(C) There is a bus at 10.

# There + be동사 + 주어 + [전치사 + 명사]

이 구조까지 이해되죠?
무작정 공식으로 외우지 말고, 예문을 많이 보세요.

# There is / There are
# 의문문과 부정문 만들기

There is / There are의 의문문은
be동사 의문문처럼 be동사를 앞으로 보내요.
부정문도 be동사 부정문처럼 be동사 뒤에 not을 붙이면 됩니다.

A : Is there a bank near the library? 그 도서관 근처에 은행이 있나요?

B : No, there isn't. 아니요, 없어요.

짝짝짝! There is와 조금 친숙해졌나요?
다음 Unit에서는 의문사 의문문에 대해 공부해 볼게요.

there의 뜻은?

거기에

 There is의 뜻은?

～가 있다.

 There is, There are 차이점은?

There is + 단수명사
There are + 복수명사
예를 들면?

 There is a spoon on the table.
There are spoons on the table.

237

# Unit 51

# 의문사 의문문 만들기1:

## 개념 정리

의문문이란 뭘까요?

무언가를 물어보는 문장이에요.

그래서 문장 끝에 물음표가 꼭 들어가요.

1권 Unit3, Unit6, Unit11에서
의문문 개념을 배웠죠?

간단하게 복습을 해 볼게요.

다음 문장을 의문문으로 만들어 보세요.

(A) He is a doctor.

_____

(B) He likes books.

_____

(C) He will come back tomorrow.

_____

정답을 확인할게요.

(A) He is a doctor. 그는 의사이다.

Is he a doctor? 그는 의사이니?

문장에 be동사(is)가 있을 때는,
be동사를 맨 앞으로 이동하면 끝이라고 했죠?

(B) He likes books. 그는 책을 좋아한다.

Does he like books? 그는 책을 좋아하니?

문장에 일반동사 like가 있어요.
일반동사는 혼자 의문문을 못 만들어서
조동사로 Do, Does 등이 올 수 있지요.
이때! 시제가 현재, 주어가 3인칭 단수인 He라서 동사에 s가 붙어 있네요.
그럼, Does가 나와야겠죠?

(C) He will come back tomorrow. 그는 내일 돌아올 것이다.

Will he come back tomorrow? 그는 내일 돌아올 거니?

문장에 조동사 will이 있어요. 이럴 경우는 어떻게 하죠?
will만 문장 앞으로 이동해 주면 끝!

지금까지 우리가 배운 의문문을
**YES / NO Questions**라고 해요.

# "네! 아니요!"로 답하는 질문

무슨 말? 의문문이기는 한데,
듣는 사람이 "네! 아니요!"로 답할 수 있는 질문이랍니다.

앞의 예문,
"그는 의사이니?"
"그는 책을 좋아하니?"
"그는 내일 돌아올 거니?"

우리말로 생각해 봐도, "네! 아니요!"로 답할 수 있는 질문들이죠?

그런데, 의문문에는
"네! 아니요!"의 답이 아닌 구체적인 정보를 묻는 말도 있어요.
우리말의 육하원칙을 생각하면 됩니다.

영어로 바꿔 볼게요.

요런 걸 의문사라고 하는데요. How만 빼고, **의문사**에 Wh가 있죠?
그래서 일반적으로 의문사가 있는 의문문은
WH questions라고 합니다. 물론 How도 포함해요.

# WH Questions

## 의문사로 시작하는 의문문

사실 우리는 이미 이런 질문의 유형에 대해
친숙하게 잘 알고 있어요.

예를 함께 살펴볼게요.

How are you? 너는 어떠니? (잘 지내니?)

"네! 아니요!"로 답하면 안 되는 질문! 친숙하죠?
우리가 I'm fine. 말고는 뭐라고 답할지 모르는 그 질문이죠. ㅋㅋ

의문사로 의문문 만드는 원리를 익혀 볼게요.

자, 친구와 통화를 하고 있다고 생각해 보세요.
친구가 이런 말을 했어요.

그런데 전화가 중간에 자꾸 끊겨서 핵심 정보를 못 들었어요.

핵심 정보를 얻기 위해 세 가지 질문을 해 봅시다.

He is OOO. 그는 OOO야.

질문 그는 누구니?

_____

어떻게 의문문으로 만들까요?

에궁, 의문문?

'**누구**'에 해당하는 **의문사 Who**를 먼저 쓰고요.
문장에 be동사가 있으니까 주어 앞으로 딱 보내 주면 끝!
앞에서 의문문 연습한 거랑 느낌 비슷하죠?

He is OOO. 그는 OOO야.

질문 그는 누구니?

Who is he?

두 번째 질문!

He likes OOO. 그는 OOO를 좋아해.
질문 그는 무엇을 좋아하니?
_____

어떻게 의문문을 만들까요?
힌트, like라는 일반동사를 이용하면 돼요.

He likes OOO. 그는 OOO를 좋아해.
질문 그는 무엇을 좋아하니?
What does he like?

'**무엇**'에 해당하는 **의문사 What**을 쓰고요.
동사가 일반동사 likes이고, 주어가 3인칭 단수니까
조동사 does를 썼죠?

마지막 질문!

He will come back OOO. 그는 OOO에 돌아올 거야.
질문 그는 언제 돌아올 거니?
_____

힌트, '언제'를 나타내는 의문사는 **When**!
조동사 will이 있죠?

He will come back OOO. 그는 OOO에 돌아올 거야.
질문 그는 언제 돌아올 거니?
When will he come back?

의문문 만드는 법을 알아야 궁금한 점을 물어볼 수가 있겠죠?

248

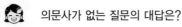

의문사가 없는 질문의 대답은?

Yes or No.

Are you hungry?

Yes, I am.

의문사가 있는 질문의 대답은?

의문사에 주의해서 답하기!

What did you eat for lunch?

I had a sandwich.

# 의문사 의문문 만들기 2:

# what, how

지난 Unit에 의문사를 활용해서 의문문 만드는 법을 배웠어요.
대충 알 것 같지만, 바로 입에서 튀어나오지는 않죠?
이번에는 의문사 중에서도 what, how를 활용해서
보다 구체적인 의문문 만드는 법을 공부할게요.

# 구체적인 질문 만드는 방법1: what의 활용

# What + 명사

뜻은 '무슨 ~니?' '몇 ~니?'

뭔가 공식 같아서 머리 아프죠?
그러나 사실 우리는 잘 알고 있어요.

"몇 시니?"를 영어로 어떻게 말할까요?

What time is it? 몇 시니?

What과 명사 time(시간)이 만나서 한 덩어리가 되었어요.

What _____ is it today? 오늘 무슨 요일이니?

'요일'이 영어로 뭐지?
Monday(월요일),
Tuesday(화요일)…

모두 공통으로 '~day'가 붙죠?

의문사 What과 명사 day를 함께 덩어리로 써요.

What **day** is it today?

What _____ is this sweater? 이 스웨터는 무슨 사이즈니?

사이즈? 크기?

What 다음에 명사 size를 같이 한 덩어리로 썼어요.

살짝 느낌 오나요?

공식처럼 외우지 말고, 예문만 기억하면 되겠죠?

What **size** is this sweater?

# 구체적인 질문 만드는 방법 2: how의 활용

how를 가지고도 다양한 질문을 만들 수 있어요.

what은 '무엇'이니까 구체적인 명사랑 쓴다면
how는 '어떻게, 어떤'이란 뜻으로 형용사, 부사와 함께 써요.

# How + 형용사 / 부사

'얼마나 ~하니?'라는 뜻!
이 패턴도 여러분은 이미 잘 알고 있어요.

"너는 얼마나 나이가 들었니?"
그러니까

How old are you?

How와 형용사 old(나이 든)를
같이 한 덩어리로 썼어요.

How _____ are you? 너는 키가 몇이니?

너는 얼마나 키가 크니? = 너는 키가 몇이니?
'키가 큰'을 영어로 하면?

How 다음에 형용사 tall(키가 큰)을 한 덩어리로 썼어요.

How **tall** are you?

How _____ do you go shopping? 너는 얼마나 자주 쇼핑을 가니?

자주?

빈도부사 공부할 때 배웠어요. Unit37에서요.

'얼마나 자주'를 표현하기 위해 써요.

How와 부사 often(자주)을 한 덩어리로 써요.

How **often** do you go shopping?

# 구체적인 질문 만드는 방법 3
## How many~? How much~?

# How + many + 셀 수 있는 명사
# How + much + 셀 수 없는 명사
## (얼마나 많은~?)

How many(much) 다음에 명사를 쓰는 방법이에요.

끄악.

many하고 much가 무슨 차이더라? 배우기는 했는데 말이죠?

기억 안 나는 분들은요?
Unit30 복습요.

**many**는 셀 수 있는 **명사**랑 같이 쓰고,
**much**는 셀 수 없는 **명사**랑 같이 쓴다고 했죠?

문제로 바로 적용해 볼게요.

How _____ children do you have? 아이들이 몇 명 있어요?

many를 쓸지, much를 쓸지 고민이에요.
이건 누가 결정?
바로 명사 children이 결정!
다 골랐나요?

children은 child의 복수형으로 셀 수 있는 명사예요.

How **many** children do you have?

다음 문제!

How _____ money do you have? 너는 돈이 얼마나 있니?

돈은 셀 수 있을까요? 없을까요?

달러 같이 형태가 정해진 것은 셀 수 있지만
돈이란 단어는 형태와 가치가 각기 다르죠?

그래서 money는 셀 수 없는 명사이고, much와 함께 써요.

How **much** money do you have?

어때요?
what, how를 활용하면 구체적으로 질문을 만들 수 있겠죠?

What time is it?

 It's ten o'clock.

 헉! 늦었다.

 What day is it?

 It's Sunday.

 휴~ 다행이다. 다시 자야지!

 How long did I sleep?

 All day!

# 의문사 의문문 만들기 3:
## 의문사가 주어일 때

우리는 지금 의문문 만드는 법을 배우고 있어요.
여기서 질문 하나!
두 문장의 차이점은 뭘까요?

# Who does she like?
# VS
# Who likes her?

힌트!
그녀가 좋아하는 사람도 있고, 그녀를 좋아하는 사람도 있죠.
이럴 때 쓸 수 있는 문장이에요.

우리말과 함께 볼게요.

Who does she like? 그녀는 누구를 좋아하니?

VS

Who likes her? 누가 그녀를 좋아하니?

우리말을 보니 뜻은 뭔지 알겠는데,
문장 구조는 아직도 알쏭달쏭하죠?

왜 이렇게
다르게 쓰는 거야~

두 문장의 원리를 꼼꼼하게 살펴볼게요.

# who의 쓰임 구분하기

첫 번째 문장부터 의문문으로 만들어 봅시다.

> (A) She likes OOO. 그녀는 OOO를 좋아해.
>
> _____ 그녀는 누구를 좋아하니?

지금까지 배웠던 방식으로 문장을 만들면 어렵지 않아요.
likes는 일반동사니까
조동사가 등장하고, 주어가 3인칭 단수라서 does!

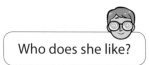

Who does she like?

두 번째 문장도 의문문으로 만들어 볼게요.

(B) OOO likes her. OOO는 그녀를 좋아해.

_____ 누가 그녀를 좋아해?

왜?
주어를 몰라서 묻는 경우에는 굳이
문장의 순서를 바꿀 필요가 없어요.

문장의 주인! 주어를 모르니까!

이럴 땐 나머지 구성원들이 얼음이 됩니다.

그래서 그냥 그대로!

(B) OOO likes her. OOO는 그녀를 좋아해.
↓       ↓
Who likes her? 누가 그녀를 좋아해?

주어에 의문사 Who를 적고
뒤에 그대로 얼음이 된 문장을 쓰고
물음표를 붙이면 끝!

OOO는 누군지 모르니까 3인칭 단수로 가정해서,
like에 s가 붙어요.

자자, 이렇게 정리해 봅시다.

# 주어를 모르면?

## Who를 쓰고 문장 그대로~

### 우리말로는 "누가~?"

연습해 볼게요.
다음 문장을 의문문으로 만들어 보세요.

OOO is the teacher. OOO는 선생님이다.

_____ 누가 선생님이니?

주어를 모르는 경우죠?
우리말로 "누가"
이럴 경우는?

주어에 의문사를 쓰고
문장 그대로 쭉!

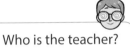

Who is the teacher?

다음 문제를 풀어 볼게요.

OOO said that. OOO가 그것을 말했다.
_____ 누가 그것을 말했니?

여기도 역시 주어를 모르는 경우!
'누가'라고 해석되죠?

그럼 의문사 Who부터 쓰고
그대로~!

Who said that?

처음에는 뭐 이런 게 있지?
생각이 들겠지만, 오히려 그대로 쓰면 되니까 간단해요!

이번에는 조금 더 어려운 문제예요.
다음 세 문장을 의문문으로 만들어 보세요.

(A) OOO knows him. OOO는 그를 안다.

_____ 누가 그를 아니?

(B) She called OOO. 그녀는 OOO를 불렀다.

_____ 그녀는 누구를 불렀니?

(C) OOO saw Jane. OOO는 Jane을 봤다.

_____ 누가 Jane을 봤니?

다 만들었나요? OOO가 주어인지, 아닌지를 구분해야 해요.

(A) OOO knows him. OOO는 그를 안다.

Who knows him? 누가 그를 아니?

(B) She called OOO. 그녀는 OOO를 불렀다.

Who did she call? 그녀는 누구를 불렀니?

(C) OOO saw Jane. OOO는 Jane을 봤다.

Who saw Jane? 누가 Jane을 봤니?

(A) 주어를 모르는 경우니까 의문사 쓰고 문장 그대로 쓴다.

(B) OOO는 주어가 아니죠.

그러니까 예전에 배운 방식대로,

동사의 정체를 파악하고 동사가 과거니까 조동사 did를 써요.

(C) 주어를 모르는 경우니까 의문사를 쓰고 문장 그대로 쓴다.

물음표를 붙이는 것도 잊지 마세요.

**주어를 모르고 물어볼 때는 문장 순서를 바꾸지 않고 그대로!**

꼭 기억해 둡시다.

"Amy는 누구를 만났니?"를 영어로 말하면?

Who did Amy meet?

 "누가 Amy를 만났니?"를 영어로 말하면?

Who met Amy?

# 명령문 만들기

여러분, 문장의 원칙 기억나나요?
중요하니까 계속 반복할게요.

모든 문장에는 주어와 동사가 있다.

은/는/이/가 ~다

주어는? 우리말로 '은/는/이/가'가 붙는 말에 해당되고
동사는 '~다'에 해당됩니다. 그렇죠?

꺅. 그런데 지금까지 배운 주어, 동사의 원칙을 깨는 문장이 있으니
바로 **명령문**이에요!

왜냐, 명령할 때는 그 대상이 바로 앞에 있는 **You**를 의미하니까요.
그래서 You가 생략된답니다.

"멈춰!" "일어나!" "앉아!"
우리 모두 한 번쯤은 들어 봤을 거예요.
어때요? 모든 문장에 주어가 없죠?

자자, 정리해 볼게요.

# 명령문을 쓸 때는
# 주어 빼고, 동사원형!
## 뜻은 '~해라'

문제를 풀어 볼게요.

다음 우리말에 적절한 영어 문장을 고르세요.

문을 열어라.

(A) You opened the door.

(B) Open the door.

다 골랐나요?

(B)가 주어도 없고, 동사원형으로 문장을 시작하는 명령문이에요.

(A)의 경우는 "너는 문을 열었다"라는 뜻이랍니다.

(B) Open the door.

조용히 해.

(A) Are quiet.

(B) Be quiet.

힌트!

be동사(am, are, is)의 동사원형은 무엇일까요?

바로 be를 쓰면 된답니다.

(B) Be quiet.

# 부정 명령문

지금까지 우리가 살펴본 건
'~해라'라는 문장인데요.
'~하지 말아라'라는 문장을 만드는 법도 있어요.

어떻게 만드냐고요? 간단해요!
**명령문 앞**에 **Don't**만 쓰면 됩니다.

나를 봐. Look at me.

나를 보지 마. _____ look at me.

'~하지 마'라는 의미로 Don't를 썼어요.
Don't는 Do not의 줄임말이죠?

Don't look at me.

조심해라. _____ careful.

늦지 마! _____ be late!

"조심해라"는 일반 명령문이니까 be동사의 원형 Be를 쓰고요.

"늦지 마!"는 '~하지 마'라는 부정 명령문이니까

Don't를 붙여요.

**Be** careful.

**Don't** be late!

여기서 잠깐!

부드럽게 말할 때는 문장 앞이나 뒤에 **please**를 붙인답니다.

'**~해 주세요**' 요런 느낌으로요.

# 제안문

마지막 하나 더!
제안하는 문장을 만드는 법이에요.

# Let's

····························

## ~하자
## =Let us

이때는 Let's만 붙이면 된답니다. 뜻은 '~하자'
Let us의 줄임말!

예문!

Let's have lunch together. 점심 같이 먹자.

Let's 다음에 동사원형을 쓴다는 점도 기억하세요.

Let's go. 가자.

Let's study together. 함께 공부하자.

꺅, 벌써 기초 영어 공부도 끝!

We are proud of you!

 영어 공부 잘하는 법을 공개하자면?

Use English!
Don't be stressed.

 Let's review the book again!

# Unit 55 TEST — 다양한 문장 Test

**A** 다음 중 어법상 알맞은 것을 고르세요.

---

**1** There (is, are) a car in front of my house.

**2** There (is, are) many parks in New Zealand.

**3** There (is, are) some children in the playground.

**4** (Is, Are) there many apples in the box?

---

**1** 나의 집 앞에는 차 한 대가 있다.
주어는 a car죠? a car는 단수명사! 그래서 is를 쓴다.

**2** 뉴질랜드에는 많은 공원들이 있다.
주어는 many parks '많은 공원들'을 의미하니까 복수명사! 답은 are!

**3** 운동장에는 아이들이 조금 있다.
주어는 some children이에요. children은 child의 복수형이죠?
복수명사! are를 쓴다.

**4** 상자 안에는 많은 사과들이 있니?
many apples가 주어죠? '많은 사과들'로 복수니까 Are를 써야 해요.

Answers   1. is   2. are   3. are   4. Are

**B** 다음 우리말을 보고 주어진 단어를 알맞게 배열하여 의문문을 만들어 보세요.

---

**1** 그의 이름은 무엇이니?  (is, what, his, name)

_____

**2** 그는 언제 너를 방문할 거니?  (when, you, visit, he, will)

_____

**3** 그는 Amy를 어디에서 만났니?  (did, he, meet, Amy, where)

_____

**4** 너의 시험은 어땠니?  (was, your, how, test)

_____

---

**1** His name is OOO.
의문사 what을 쓰고 be동사를 앞으로 보내면 됩니다.

**2** He will visit you OOO.
의문사 when을 쓰고 조동사를 앞으로 보내면 끝이에요.

**3** He met Amy OOO.
의문사 where를 써요. 일반동사가 있죠? 그러면 혼자 의문문을 못 만들어요.
do, does, did의 도움이 필요해요. 과거이니까 did의 도움을 받아요.

**4** Your test was OOO.
의문사 how를 먼저 써요. 그리고 be동사를 앞으로 보내요.

Answers  1. What is his name?  2. When will he visit you?
3. Where did he meet Amy?  4. How was your test?

283

# C 다음 〈보기〉에서 알맞은 의문사를 넣어 문장을 완성하세요. (중복 사용 가능)

What  Who  How  Where

**1** A: _____ is that woman?

B: She is my aunt.

**2** A: _____ are you doing now?

B: I'm studying English.

**3** A: _____ old is your sister?

B: She is 17 years old.

**4** A: _____ color do you like?

B: I like blue.

**5** A: _____ often do you go hiking?

B: Every day.

**6** A: _____ likes apples?

B: Jack.

**1** A: 저 여자 분은 누구니?

B: 그녀는 나의 숙모야.

'누구'에 대해 묻고 있는 대화예요.

**2** A: 너는 지금 무엇을 하고 있니?

B: 나는 영어를 공부하고 있는 중이야.

'무엇'을 하고 있는지 묻고 있어요.

**3** A: 너의 여동생은 몇 살이니?

B: 그녀는 열일곱살이야.

How 다음에 형용사 old를 써서 구체적인 질문을 만들 수 있어요.

How old '몇 살, 얼마나 나이든'

**4** A: 너는 무슨 색을 좋아하니?

B: 나는 파란색을 좋아해.

What 다음에 명사 color를 써서 구체적인 질문을 만들 수 있어요.

What color '무슨 색깔'

**5** A: 너는 얼마나 종종 등산을 가니?

B: 매일

How 다음에 부사 often을 써서 구체적인 질문을 만들었죠?

How often '얼마나 종종'

**6** A: 누가 사과를 좋아하니?

B: Jack.

OOO likes apples.라는 문장을 의문문으로 만들었어요.

주어를 모르니까 주어 자리에 Who를 넣었답니다.

Answers   1. Who   2. What   3. How   4. What   5. How   6. Who

# D 다음 밑줄 친 부분을 바르게 고치세요.

---

**1** <u>Doesn't</u> give up.      _____

**2** <u>Is</u> careful.      _____

**3** Let's <u>eats</u> lunch.      _____

**4** <u>Fastens</u> your seatbelt.      _____

---

**1** 포기하지 마.
명령문을 부정문으로 만들 때는 Don't를 붙인다고 했어요.

**2** 조심해.
명령문은 항상 동사원형으로 써요. Is의 동사원형은 Be!

**3** 점심 먹자.
Let's는 Let us의 줄임형으로 '~하자'라는 뜻이죠?
us가 복수형이기 때문에 이다음에 동사원형을 써요.

**4** 안전벨트를 착용해라.
명령문은 항상 동사원형으로 쓰죠. Fasten은 '매다'라는 뜻의 동사랍니다.
동사원형에는 s를 붙이면 안 돼요.

<u>Answers</u>  1. Don't  2. Be  3. eat  4. Fasten

드디어 **왕초보 탈출!**
짝짝짝! 2권 끝까지 공부하다니 멋져요!
워크북 맨 뒤에 종합문제도
잊지 말고 풀어 보세요. 아자!

대학생, 시험 준비생, 회사원, 주부, 워홀 준비생, 운동선수 등
# 500만이 감탄하며 보고 즐긴 고딸 영문법!

『고딸 영문법』은 복잡하고 어려운 문법을 쉽게 알려 주는 훌륭한 책입니다. 영어를
공부할 때 궁금하고 헷갈리는 것들을 쉽고 재미있게 풀어냈습니다. 영어 기초가
부족하거나 처음부터 다시 공부하는 분들에게 고딸이 큰 힘이 되어 줄 것입니다.
자, 이제 영어를 즐겨 보시기 바랍니다!
　　　　　－이유진 (한국외국어대학교 영문학과 교수, 하버드대학원 졸업)

ABCD만 아는 상태에서 공부해도 이해가 가능하도록 재밌게 설명이 되어 있어요.
자연스럽게 반복 학습을 유도하고 있어 기억에 오래 남네요.　　　－Yejin님

편입 때문에 학원을 다니고 있는데, 고딸 영문법은 어디 가서 물어보기 부끄러운
것들도 콕콕 알려 주니까 속이 시원하더라고요. 요즘 고딸 영문법을 만화 보듯 술
술 읽으면서 기초 문법을 이해하고 있어요.　　　　　　　　　－초롱이언니님

정말로 be동사부터 단숨에 정주행했어요. 책으로 기본을 다지고 워크북으로 확실
히 머릿속에 콱 박아 주는 고딸 영문법! 덕분에 영문법이랑 많이 친해졌어요. ㅋㅋ
고딸 쌤 짜앙 ♥　　　　　　　　　　　　　　　　　　　　　　－다영님

문법을 모르니 토익에서 고득점은 근처도 가지 못했죠. 흑흑. 하지만 고딸 블로그
와 책을 통해 가장 중요한 문법을 즐겁게 알게 되면서 영어 보는 눈이 확 넓어졌어
요! 토익 점수는 물론이고 보너스로 스피킹 실력도 늘어났어요! 고딸 영문법 만세!
　　　　　　　　　　　　　　　　　　　　　　　　　　　－마사회기다려라님

"영포자도
마스터했다 전해라~!"

값 15,000원

14740

9 788930 211413

ISBN 978-89-302-1141-3
ISBN 978-89-302-1147-5 (세트)

be동사부터 명령문까지 단숨에 정주행하는

# 고딸 영문법

## 고딸 영문법

**왕기초편 2**

고딸 임한결 지음

영포자들이 꼬박꼬박
프린트해서 봤던 그 영문법!

**워크북**

500만 방문자가 그토록 기다려 온
# 네이버 인기 블로거,
고등어 집 딸내미 기초 영문법 드디어 완간!

기림딩

be동사부터 명령문까지 단숨에 정주행하는

# 고딸 영문법

왕기초편 2

고딸 임한결 지음

워크북

에림딩

# Part 5 / 형용사 & 부사

**Unit 29**  형용사란?  6

**Unit 30**  수나 양을 나타내는 형용사 : much와 many의 차이점은?  8

**Unit 31**  수나 양을 나타내는 형용사 : some과 any의 차이점은?  10

**Unit 32**  영어 숫자 읽는 법  12

**Unit 33**  영어 숫자! 기수와 서수란?  14

**Unit 34**  부사란? 형용사와 차이점은?  16

**Unit 35**  형용사와 부사의 형태가 같은 단어  18

**Unit 36**  부사의 역할?  20

**Unit 37**  빈도부사의 위치  22

**Unit 38**  형용사 & 부사 Test  24

# Part 6 / 비교급 & 최상급

**Unit 39**  비교급 만들기 : er 붙이는 방법  29

**Unit 40**  비교급 만들기 : more 붙이는 방법  31

**Unit 41**  비교급 불규칙변화  33

**Unit 42**  형용사 최상급  35

**Unit 43**  비교급 & 최상급 Test  37

## Part 7
### 전치사 & 접속사

**Unit 44**  전치사란? 다양한 전치사 정리  42

**Unit 45**  시간 전치사 at, on, in 구분하기  46

**Unit 46**  장소 전치사 at, on, in 구분하기  48

**Unit 47**  접속사 정리 1  50

**Unit 48**  접속사 정리 2  52

**Unit 49**  전치사 & 접속사 Test  54

## Part 8
### 다양한 문장

**Unit 50**  There is / There are  58

**Unit 51**  의문사 의문문 만들기 1 : 개념 정리  60

**Unit 52**  의문사 의문문 만들기 2 : what, how  62

**Unit 53**  의문사 의문문 만들기 3 : 의문사가 주어일 때  64

**Unit 54**  명령문 만들기  66

**Unit 55**  다양한 문장 Test  68

**종합문제**  종합문제 A 73 / 종합문제 B 79 / 종합문제 C 86

**부록**  형용사 92 / 비교급과 최상급 93

**정답**  94

## 이 책의 활용법

### 8주 완성법
무슨 일이 있어도 하루에 Unit 한 개씩은 공부한다!

**경고! 더 보고 싶어도 참아야 함! 하루에 딱 한 개!**

### 4주 완성법
하루에 Unit 두 개씩 공부한다!

**경고! 고딸영어에 중독될 수 있음!**

### 2주 완성법
하루에 Unit 네 개씩 공부한다!

**경고! 머리에 쥐남!**

### 1주 완성법
2권 워크북 맨 뒤 〈종합 문제〉부터 풀어 보고,
모르는 부분만 워크북 문제를 풀어 본다!

**경고! 주위 사람들에게 열심히 공부 안 했다고 의심받을 수 있음!**

지금부터 복습 시작! ▼

# 형용사란?

## 1 형용사

| 정의 | 명사의 형태(모양, 상태, 성질 등)를 나타내는 말<br>우리말로 '~한'이란 의미를 지님 |
|------|---|

## 2 형용사의 위치

| 위치 | 예 |
|------|-----|
| ① 명사 바로 앞 | She is a pretty girl. (그녀는 예쁜 소녀이다.) |
| ② be동사 뒤 | She is pretty. (그녀는 예쁘다)<br>참고) be동사와 성격이 비슷한 become(되다), seem(~인 거 같다) 등등과 같은 동사 뒤에도 형용사를 씀 |

## 3 알아 두면 유용한 형용사

| | |
|------|------|
| beautiful (아름다운) | ugly (못생긴) |
| big (큰) | small (작은) |
| cheap (싼) | expensive (비싼) |
| clean (깨끗한) | dirty (더러운) |

**A** 다음 우리말에 알맞도록 주어진 단어를 바르게 배열하세요.

1. 나는 슬프지 않다. (sad, am, I, not)

_____

2. 그 영화는 무서웠다. (was, scary, the movie)

_____

3. 우리는 좋은 친구이다. (are, good, we, friends)

_____

4. 그녀는 똑똑해. (is, she, smart)

_____

**B** 다음 〈보기〉에서 알맞은 말을 골라 문장을 완성하세요.

〈보기〉 hungry  old  short  happy  cold

1. I am not tall. I am _____.

2. She is not full. She is _____.

3. He is not young. He is _____.

4. I am not hot. I'm _____.

**C** 괄호 안의 형용사를 알맞은 위치에 넣어 문장을 완성하세요.

1. She has a dog. (big)   _____

2. I bought shoes. (new)   _____

3. I like her voice. (beautiful)   _____

4. Jim is a man. (nice)   _____

# 수나 양을 나타내는 형용사:
## much와 many의 차이점은?

▶ 수나 양을 나타내는 형용사

| | 형용사 | 함께 쓰이는 명사 |
|---|---|---|
| 수 | many (많은) | 셀 수 있는 명사(복수형) |
| | a few (적은, 조금) | |
| | few (거의 없는) | |
| 양 | much (많은) | 셀 수 없는 명사 |
| | a little (적은) | |
| | little (거의 없는) | |
| 수·양 | a lot of = lots of (많은) | 셀 수 있는 명사 |
| | some, any (약간) | 셀 수 없는 명사 |

I have many books. (나는 많은 책을 가지고 있다.)
He has few friends. (그는 친구가 거의 없다.)

**A** 다음 중 many 다음에 쓸 수 있는 명사를 모두 골라 동그라미 하세요.

kiwis    sand    ants    salt    stamps

**B** 다음 중 어법상 알맞은 말을 골라 동그라미 하세요.

1. I will buy (a few, a little) pies at the supermarket.
2. Jessica has many (spoon, spoons).
3. I don't have (many, much) cousins.
4. Jim drinks (few, little) milk.
5. Can you put (a few, a little) sugar on my coffee?

**C** 우리말과 일치하도록 〈보기〉에서 알맞은 형용사를 골라 빈칸을 완성하세요.

〈보기〉 many    much    little    a little    a few    few

1. We have _____ eggs.
   (우리는 많은 달걀을 가지고 있다.)

2. There are _____ people at the bus terminal.
   (버스 터미널에 사람들이 거의 없다.)

3. There is _____ water in the fish tank.
   (수조에는 물이 거의 없다.)

4. We had _____ rain yesterday.
   (어제 비가 조금 왔다.)

5. Dave didn't make _____ money.
   (Dave는 많은 돈을 벌지 않았다.)

# 수나 양을 나타내는 형용사:
## some과 any의 차이점은?

▶ some, any의 쓰임

| 공통점 | ① '조금, 약간'의 뜻을 지님<br>② 셀 수 있는 명사/셀 수 없는 명사 모두와 쓸 수 있음 | |
|---|---|---|
| 차이점 | some | 긍정문, 권유(부탁) 의문문에 씀<br>I have some money.<br>(나는 돈이 조금 있다.) |
| | any | 부정문, 일반 의문문에 씀<br>I don't have any money.<br>(나는 돈이 조금도 없다.) |

**A** 다음 빈칸에 some이나 any를 넣어 문장을 완성하세요.

1. She is going to buy _____ frying pans.
   (그녀는 프라이팬을 조금 살 것이다.)

2. Do you have _____ chocolate?
   (너는 초콜릿을 좀 가지고 있니?)

3. Can you lend me _____ money?
   (너는 나에게 돈 좀 빌려줄 수 있니?)

4. We don't have _____ food at home.
   (집에 음식이 조금도 없다.)

5. Are there _____ restaurants at the amusement park?
   (놀이공원에 식당이 좀 있니?)

**B** 다음 중 어법상 알맞은 말을 골라 동그라미 하세요.

1. I don't have (some, any) coins.

2. The student didn't bring (some, any) books.

3. She needs (some, any) cushions.

**C** 다음 밑줄 친 부분이 맞으면 O, 틀리면 X를 하고 바르게 고치세요.

1. I know <u>some</u> American teachers in Korea. _____

2. She doesn't have <u>some</u> pens. _____

3. Andy saw <u>any</u> ducks in the lake. _____

# 영어 숫자 읽는 법

## 1 기수

| 정의 | 기본 숫자<br>one, two, three, four, five, six… hundred |
|---|---|

## 2 큰 숫자 읽는 법

| 방법 | 세 자리로 끊어 읽음<br>thousand = 1,000<br>million = 1,000,000<br>billion = 1,000,000,000 |
|---|---|
| 주의 | 수를 읽을 때 쓰는 hundred, thousand, million, billion은 복수형으로 쓰지 않음 |

A 다음 숫자를 바르게 읽은 것을 골라 동그라미 하세요..

1. 20 (twelve, twenty)

2. 30 (thirteen, thirty)

3. 41 (forty-one, fourteen-one)

4. 17 (seventy, seventeen)

5. 19 (ninety, nineteen)

B 다음 숫자와 숫자 읽는 법을 연결하세요.

1. 37 • • a. three thousand (and) seven hundred

2. 370 • • b. thirty seven

3. 3,700 • • c. three hundred (and) seventy

C 다음 〈보기〉의 단위를 사용하여 숫자 읽기를 완성하세요.

〈보기〉 hundred   billion   million   thousand

1. 1,211
one _____ two _____ (and) eleven

2. 4,000,000
four _____

3. 2,421,000
two _____ four hundred (and) twenty one _____

4. 3,000,000,000
three _____

13

# 영어 숫자! 기수와 서수란?

## I  기수 VS 서수

|  | 의미 | 용도 |
|---|---|---|
| 기수 | 기본 숫자<br>one, two, three | 정수, 번호, 연도, 시각 등<br>1971년 nineteen seventy-one |
| 서수 | 서열을 나타내는 숫자<br>first, second, third | 층, 날짜 등<br>6월 29일 June twenty-ninth |

## 2  생활 속 숫자 읽기

| | |
|---|---|
| 전화<br>번호 | • 기수로 읽음  • 0은 zero 또는 o(oh)라고 읽음<br>• 번호가 연속되어 두 개 있을 때는 '두 개로 된' 의미로<br>  double을 사용함 |
| 연도 | • 보통 두 자리씩 끊어서 읽음<br>1994년 nineteen ninety-four<br>• 단, 2008처럼 가운데 00이 있는 연도는 이어서 읽음 |
| 날짜 | • 날짜는 서수를 이용하여 읽음<br>2월 3일 February third / the third of February<br>• 1월 January / 2월 February / 3월 March / 4월 April / 5월 May<br>  6월 June / 7월 July / 8월 August / 9월 September / 10월 October<br>  11월 November / 12월 December |
| 시각 | • 시간과 분을 구분해서 읽음 / 8시 20분 eight twenty<br>• 시각을 말하는 다양한 표현이 있음<br>  '~전'이란 뜻으로 to, '~지난'의 의미로 past를 씀<br>  '~전' '~지난' 표현을 쓸 때는 "분"을 먼저 씀<br>  이때 30분=half, 15분=a quarter 표현을 쓰기도 함<br>7시 5분 전 five to(before) seven<br>8시 반 half past(after) eight |

**A** 다음 괄호 안의 숫자를 서수로 바꿔 쓰세요.

1. I was born on October _____. (4)

(나는 10월 4일에 태어났다.)

2. Today is the _____ day of school. (1)

(오늘은 학교에서의 첫날이다.)

3. The restaurant is on the _____ floor. (10)

(그 식당은 10층에 있다.)

**B** 다음 시각 표기를 보고 시각을 연결하세요.

1. five to nine   •        • a. 9:10

2. nine ten      •        • b. 8:55

3. half past nine •        • C. 9:30

**C** 다음 전화번호 표기를 보고 숫자로 적어 보세요.

1. two o(oh) three, six nine four

____ ____ ____ – ____ ____ ____

2. six two eight, three double seven

____ ____ ____ – ____ ____ ____

**D** 다음 표기를 보고 날짜와 연도를 적어 보세요.

1. February third, twenty sixteen

_____ 년 ___ 월 ___ 일

2. September fifteenth, two thousand (and) one

_____ 년 ___ 월 ___ 일

# 부사란? 형용사와 차이점은?

## 1 부사

| 정의 | 문장에서 정도, 방법, 시간, 장소 등에 관해 부연 설명하는 단어 |
|---|---|

## 2 일반적인 부사의 형태

| 주로 형용사에 ly를 붙임 | clear (맑은) – clearly (맑게)<br>kind (친절한) – kindly (친절하게) |
|---|---|
| y로 끝나는 형용사는<br>y를 i로 바꾸고 ly를 붙임 | happy (행복한) – happily (행복하게)<br>lucky (운이 좋은) – luckily (운이 좋게) |

## 3 다양한 부사의 역할

- 동사, 형용사, 부사, 문장의 부연 설명
- yesterday(어제), near(근처에) 등과 같이 시간, 장소에 대한 표현들도 부사에 포함됨

## 4 형용사와 부사 비교

|  | 형용사 | 부사 |
|---|---|---|
| 뜻 | ~한 | ~하게(다양함) |
| 위치 | ① 명사 앞<br>② be동사 뒤 | 부연 설명하고 싶은 위치 |
| 역할 | 명사의 모양을 설명 | 동사, 형용사, 부사,<br>문장 부연 설명 |

**A** 다음 문장에서 부사에 밑줄 그으세요.

1. Dave speaks slowly.

2. You should touch it carefully.

3. He can solve the problem easily.

4. Bella will come here.

5. I will visit my uncle tomorrow.

**B** 다음 형용사를 부사로 바꿔 보세요.

1. noisy     _____

2. polite     _____

3. rude     _____

4. soft     _____

**C** 다음 중 어법상 알맞은 말을 골라 동그라미 하세요.

1. He walks (quick, quickly).
그는 빠르게 걷는다.

2. The test was (difficult, difficulty).
그 시험은 어려웠다.

3. Jennifer is a (diligent, diligently) student.
Jennifer는 부지런한 학생이다.

4. He (kind, kindly) helped me.
그는 친절하게 나를 도왔다.

# 형용사와 부사의 형태가 같은 단어

▶ 형용사와 부사의 형태가 같은 단어

| hard | 형용사 | 단단한, 어려운 |
|---|---|---|
| | 부사 | 열심히 주의:hardly 거의 ~않는 |
| pretty | 형용사 | 예쁜 |
| | 부사 | 꽤 |
| early | 형용사 | 이른 |
| | 부사 | 일찍 |
| fast | 형용사 | 빠른 |
| | 부사 | 빨리 |
| late | 형용사 | 늦은 |
| | 부사 | 늦게 주의:lately 최근에 |
| much | 형용사 | 많은 |
| | 부사 | 매우, 정말, 많이 |

**A** 다음 밑줄 친 부분이 형용사인지 부사인지 쓰세요.

1. You should not drive <u>fast</u>. (너는 빨리 운전하면 안 된다.) _____

2. I don't have <u>much</u> money. (나는 많은 돈이 없다.) _____

3. Amy should go home <u>early</u>. (Amy는 일찍 집에 가야 한다.) _____

4. This mattress is <u>hard</u>. (그 매트리스는 딱딱하다.) _____

**B** 다음 문장을 우리말로 해석해 보세요.

1. The movie was <u>pretty</u> good.

_____

2. My mom has a <u>pretty</u> garden.

_____

**C** 다음 우리말에 알맞도록 〈보기〉에서 단어를 골라 빈칸을 완성하세요.

〈보기〉 hard   hardly   late   lately

1. I have to study _____ this week.
(나는 이번 주에 공부를 열심히 해야 한다.)

2. Brian was _____ again.
(Brian은 또 늦었다.)

3. I _____ know him.
(나는 거의 그를 모른다.)

# 부사의 역할?

▶ 부사의 역할

| 역할 | 예 |
|---|---|
| 형용사 수식 | She is <u>very</u> pretty. <br> (그녀는 매우 예쁘다.) |
| 부사 수식 | Thank you <u>very</u> much. <br> (매우 많이 고맙습니다.) |
| 문장 부연 설명 | <u>Luckily</u>, I passed the test. <br> (운이 좋게도, 나는 시험에 합격했다.) |
| 동사 수식 | He finished his work <u>quickly</u>. <br> (그는 그의 일을 빠르게 끝냈다.) |

**A** 다음 밑줄 친 부사가 수식하는 말을 찾아 동그라미 하세요.

1. I am <u>very</u> hungry.

   (나는 매우 배고프다.)

2. The book was <u>really</u> boring.

   (그 책은 정말 지루했다.)

3. She runs <u>very</u> fast.

   (그녀는 매우 빨리 달린다.)

4. I <u>really</u> like the music.

   (나는 그 음악을 정말로 좋아한다.)

5. James was <u>deeply</u> sad.

   (James는 몹시 슬펐다.)

6. He walks <u>slowly</u>.

   (그는 느리게 걷는다.)

**B** 다음 〈보기〉에서 알맞은 말을 골라 문장을 완성하세요.

> 〈보기〉 fortunately  beautifully  carefully
> quickly      loudly

1. Listen _____ and repeat the word.

2. He took a test a month ago. _____, he passed the test.

3. Jenny is a great dancer. She dances _____.

4. We don't have much time. You should eat _____.

5. I can't hear you. Could you speak more _____?

# 빈도부사의 위치

## 1 빈도부사의 정의

| 정의 | 빈도수를 나타내는 말 |
|------|---------------------|

## 2 빈도부사의 종류

| 빈도부사 | 뜻 |
|---------|------|
| always | 항상 |
| usually | 보통 |
| often | 자주 |
| sometimes | 가끔 |
| seldom | 좀처럼 ~않는 |
| never | 전혀 ~않는 |

## 3 빈도부사의 위치

| 위치 | 일반동사 앞, be동사 조동사 뒤<br>I usually have dinner at 6.<br>(나는 주로 6시에 저녁 식사를 한다.)<br>He is sometimes late.<br>(그는 가끔 늦는다.) |
|------|------|

**A** 다음 〈보기〉 중 알맞은 빈도부사를 골라 문장을 완성하세요.

〈보기〉 always usually sometimes
often never seldom

1. 그는 가끔 아침에 자전거를 탄다.
   He _____ cycles in the morning.

2. 나는 항상 6시에 일어난다.
   I _____ get up at six o'clock.

3. Tom은 좀처럼 운동하지 않는다.
   Tom _____ exercises.

4. 그녀는 자주 Shawn에게 전화한다.
   She _____ calls Shawn.

**B** 다음 괄호 안의 빈도부사를 넣어 문장을 완성하세요.

1. It is windy. (often)

   _____

2. I drink tea. (sometimes)

   _____

3. He will ride a motorbike. (never)

   _____

4. Jane works at 2. (usually)

   _____

# 형용사 & 부사 Test

1~2. 다음 중 빈칸에 들어갈 수 <u>없는</u> 것을 고르세요.

**1** There are a few _____ in the park. [Unit30]

① children　② dogs　③ water　④ trees　⑤ students

**2** Andy is _____. [Unit29]

① tired　② diligent　③ old　④ sad　⑤ nicely

**3** 다음 〈보기〉의 숫자를 영어로 바르게 읽은 것을 고르세요. [Unit32]

> 2,930

① two thousands nine hundreds (and) thirty
② two thousand nine hundred (and) thirty
③ two thousand nine hundred (and) thirteen
④ two hundred nine hundred (and) thirteen
⑤ twenty nine thirteen

**4** 다음 빈칸에 들어갈 수 있는 것을 <u>모두</u> 고르세요. [Unit30]

> She has _____ books.

① many　② lots of　③ a little　④ much　⑤ any

**5** 빈칸에 들어갈 말이 순서대로 나열된 것을 고르세요. [Unit34]

> _____, she came back home safely.
> I can't finish the work _____.
> Sam is an _____ boy.

① Fortunate – quick – honestly
② Fortunate – quick – honest
③ Fortunately – quickly – honestly
④ Fortunately – quick – honest
⑤ Fortunately – quickly – honest


**6** 다음 문장에 always가 들어갈 곳을 고르세요. [Unit37]

> Lucy ① has ② breakfast ③ at ④ 7 o'clock ⑤.


**7** 다음 시간을 영어로 잘못 표기한 것을 고르세요. [Unit33]

① 4시 40분 = four forty
② 3시 30분 = half past three
③ 7시 55분 = five to seven
④ 8시 20분 = eight twenty
⑤ 5시 15분 = a quarter after five


**8** 다음 중 빈칸에 any가 들어갈 수 <u>없는</u> 것을 고르세요. [Unit31]

① I couldn't eat _____ food.
② Do you have _____ money?
③ Would like _____ coffee?
④ Clara does not have _____ sisters.
⑤ I didn't buy _____ fruits.

**9** 다음 〈보기〉의 날짜를 영어로 바르게 읽은 것을 고르세요. [Unit33]

〈보기〉 2016년 2월 1일

① February one, twenty sixty
② February one, twenty sixteenth
③ February one, twenty sixteen
④ February first, twenty sixty
⑤ February first, twenty sixteen

**10** 다음 밑줄 친 부분의 성격이 <u>다른</u> 하나를 고르세요. [Unit35]

① He drives too <u>fast</u>.
② Look at the <u>fast</u> horse.
③ I can cook <u>fast</u>.
④ The bird flies <u>fast</u>.
⑤ She can get there <u>fast</u>.

11~12. 다음 빈칸에 들어갈 말로 알맞은 것을 고르세요.

**11** Do you have _____ pencils?　[Unit31]

① any　　② some　③ a little　④ much　⑤ a

**12** Jack lives on the _____ floor.　[Unit33]

① three　　　　② ten　　　　③ twelve
④ twenty first　⑤ thirty

13~14. 다음 괄호 안의 단어를 넣어 문장을 완성하세요.

**13** He has a house. (big) [Unit29]

→ _____

**14** Emily takes a walk in the morning. (sometimes) [Unit37]

→ _____

15~16. 다음 숫자를 영어로 읽을 때 빈칸에 알맞은 말을 쓰세요. [Unit32]

**15** 591,400

five _____ (and) ninety one _____ four hundred

**16** 2,000,000

two _____

17~18. 다음 우리말에 맞게 〈보기〉에서 알맞은 단어를 골라 쓰세요. [Unit30]

〈보기〉 a few    a little    few    little

**17** 나는 스페인 단어를 조금 안다.

I know _____ Spanish words.

**18** 우리는 우유가 거의 없다.

We have _____ milk.

19~20. 다음 우리말에 알맞도록 주어진 단어를 바르게 배열하세요.

*19* Peter는 보통 바쁘다. (is, busy, Peter, usually) [Unit37]

→ _____

*20* 나는 키가 큰 한 소년을 보았다. (saw, a, I, tall, boy) [Unit29]

→ _____

# 비교급 만들기 :
## er 붙이는 방법

## Ⅰ 형용사, 부사 비교 문장 만들기

| 더 비교급 | 형용사, 부사에 er을 붙임 |
|---|---|
| 보다 | than을 씀 |

Brian is taller than Carol. (Brain은 Carol보다 키가 더 크다.)

## 2 형용사, 부사에 er 붙이는 방법

| 방법 | 원형 | 비교급 |
|---|---|---|
| 대부분 er | small (작은) | smaller (더 작은) |
| e로 끝나는 경우 r | nice (멋진) | nicer (더 멋진) |
| y를 i로 고치고 er | busy (바쁜) | busier (더 바쁜) |
| 단모음＋단자음 쌍둥이 | big (큰) | bigger (더 큰) |

**A** 다음 단어의 비교급을 쓰세요.

1 rich _____

2. lucky _____

3. cold _____

4. large _____

5. high _____

**B** 다음 괄호 안에 있는 단어를 활용하여 빈칸을 완성하세요.

1. A train is _____ than a bus. (fast)

2. Paul is _____ than Kevin. (light)

3. New Zealand is _____ than Korea. (big)

4. It's _____ than yesterday. (warm)

**C** 다음 〈보기〉에서 알맞은 말을 골라 빈칸을 완성하세요.

〈보기〉 taller  harder  older  earlier  busier

1. Jack is 177cm. Amy is 165cm. Jack is _____ than Amy.

2. Daniel is 28 years old. Betty is 18 years old.
   Daniel is _____ than Betty.

3. Helen gets up at six o'clock. Mark gets up at eight o' clock.
   Helen gets up _____ than Mark.

4. Linda studies hard. Steven does not study hard.
   Linda studies _____ than Steven.

# 비교급 만들기:
## more 붙이는 방법

1 단어의 길이에 따라 비교 표현 만드는 방법

| 구분 | 방법 | 예 |
|---|---|---|
| 짧은 단어 | 더: 형용사, 부사+er<br>보다: than | He is younger than me.<br>(그는 나보다 어리다.) |
| 긴 단어 | 더: more + 형용사, 부사<br>보다: than | Apples are more expensive than oranges.<br>(사과가 오렌지보다 더 비싸다.) |

2 단어의 길이를 구분하는 방법

| | 구분 | 단어 |
|---|---|---|
| 1음절 | 짧은 단어로 여김 | tall (긴) |
| 2음절 | 대부분 긴 단어로 여김<br>(y로 끝나는 경우는 짧은 단어로 여김) | care·ful (조심하는)<br>bu·sy (바쁜) |
| 3음절 | 긴 단어로 여김 | im·por·ant (중요한) |

음절 : 모음 소리를 기준으로 나눠진 소리의 덩어리

참고) 93쪽 〈부록〉 음절 기준으로 비교급 최상급 만드는 방법

**A** 다음 중 more를 써서 비교급을 만들어야 하는 단어에 동그라미 하세요.

short    beautiful    wise    difficult    slow

**B** 다음 괄호 안에 단어를 활용하여 빈칸을 완성하세요.

1. Donna bought a _____ car than John. (expensive)

2. Joe is _____ than Chris. (strong)

3. Health is _____ than money. (important)

4. Cheetahs run _____ than dogs. (fast)

**C** 다음 우리말에 알맞도록 주어진 단어를 바르게 배열하세요.

1. 나의 가방이 너의 것보다 무겁다.

(than, yours, heavier, my, bag, is)

→ _____

2. 이 책이 그 영화보다 더 재미있다.

(the movie, interesting, than, this, is, more, book)

→ _____

3. 늑대가 곰보다 더 위험하다.

(are, more, wolves, than, bears, dangerous)

→ _____

4. 원숭이가 기린보다 더 똑똑하다.

(more, than, giraffes, monkeys, are, intelligent )

→ _____

# Unit

## 비교급 불규칙변화

▶ 불규칙 비교급

| 원형 | 비교급 |
|---|---|
| good (좋은) | better (더 좋은) |
| well (잘) | better (더 잘) |
| bad (나쁜) | worse (더 나쁜) |
| many (많은) | more (더 많은) |
| much (많은) | more (더 많은) |

A 다음 주어진 단어를 비교급으로 바꿔 문장을 완성하세요.

1. Jisu can speak English _____ than Jinho. (well)

2. Busan is _____ than seoul. (warm)

3. My car is _____ than yours. (expensive)

4. Mary has _____ bags than Ellen. (many)

5. Today's weather is _____ than yesterday's. (bad)

6. This room is _____ than that room. (clean)

7. I spend _____ money than Ben. (much)

B 다음 표를 보고 문장을 완성하세요.

|  | James | Nancy |
|---|---|---|
| 1 | He is a good singer. | She is not a good singer. |
| 2 | He doesn't have many friends. | She has many friends. |
| 3 | His grade is D+. | Her grade is C-. |
| 4 | He can play the piano well. | She can't play the piano well. |

1. James is a _____ singer than Nancy.

2. Nancy has _____ friends than James.

3. James' grade is _____ than Nancy's grade.

4. James plays the piano _____ than Nancy.

# 형용사 최상급

## 1 단어의 길이에 따라 최상 표현 만드는 방법

| 구분 | 방법 | 예 |
|---|---|---|
| 짧은 단어 | the 형용사+est | the oldest |
| 긴 단어 | the most + 형용사 | the most beautiful |

## 2 불규칙 최상급

| 원형 | 비교급 | 최상급 |
|---|---|---|
| good (좋은) | better (더 좋은) | best (최고 좋은) |
| well (잘) | better (더 잘) | best (최고 좋은) |
| bad (나쁜) | worse (더 나쁜) | worst (최악의) |
| many (많은) | more (더 많은) | most (가장) |
| much (많은) | more (더 많은) | most (가장) |

**A** 다음 괄호 안에 있는 단어를 최상급으로 바꿔 빈칸을 완성하세요.

1. Jason is the _____ boy in the class. (smart)

2. Yesterday was the _____ day of the year. (cold)

3. My dish is the _____ of the four. (good)

4. My drawing is the _____ of the three. (bad)

**B** 다음 〈보기〉에서 알맞은 단어를 골라 형태를 바꿔 빈칸을 완성하세요.

〈보기〉 tall   young   cheap

1. Jeff는 우리 가족 중에 가장 어리다.
   Jeff is the _____ in my family.

2. 저 건물은 우리 마을에서 가장 높다.
   That building is the _____ in my town.

3. 나는 Jason보다 더 싼 자전거를 샀다.
   I bought a _____ bike than Jason.

**C** 다음 중 어법상 알맞은 말을 골라 동그라미 하세요.

1. July is the (hottest, hotter) month of the year.

2. Daniel is the (strongest, stronger) student in the school.

3. My dog is (smallest, smaller) than yours.

# 비교급 & 최상급 Test

1~4. 다음 빈칸에 들어갈 말로 알맞은 것을 고르세요

**1**   This scarf is _____ than that one.   [Unit39]

① warm       ② more warm      ③ warmest
④ warmer     ⑤ most warm


**2**   Sandra is more _____ than Robert.   [Unit40]

① diligent       ② diligenter      ③ most diligent
④ deligentest    ⑤ most diligentest


**3**   My new cell phone is _____ than the old one.   [Unit41]

① good        ② more good      ③ best
④ most good   ⑤ better


**4**   Russia is the _____ country in the world.   [Unit42]

① bigger      ② most big       ③ biggest
④ more big    ⑤ most biggest

5~7. 다음 형용사의 원급, 비교급, 최상급이 <u>잘못된</u> 것을 고르세요.

**5**
① hot—hotter—hottest  [Unit39]
② happy—happier—happiest
③ great—greater—greatest
④ easy—easyer—easyest
⑤ thick—thicker—thickest

**6**
① careful—more careful—most careful  [Unit40]
② nice—more nice—most nice
③ old—older—oldest
④ small—smaller—smallest
⑤ famous—more famous—most famous

**7**
① bad—worse—worst  [Unit41]
② much—more—most
③ good—well—best
④ large—larger—largest
⑤ beautiful—more beautiful—most beautiful

**8** 다음 빈칸에 들어갈 수 <u>없는</u> 것을 고르세요. [Unit42]

This is the most _____ place in our town.

① beautiful          ② exciting          ③ peaceful
④ coolest            ⑤ dangerous

9~10. 다음 〈보기〉의 우리말을 영어로 바르게 쓴 것을 고르세요.

**9** 〈보기〉 나는 Jeff보다 수영을 더 잘한다. [Unit41]

① I swim well than Jeff.
② I swim the best than Jeff.
③ I swim better than Jeff.
④ I swim more well than Jeff.
⑤ I swim the most well than Jeff.

**10** 〈보기〉 에베레스트 산은 세상에서 제일 높은 산이다. [Unit42]

① Mt. Everest is the highest mountain in the world.
② Mt. Everest is more high mountain in the world.
③ Mt. Everest is the most high mountain in the world.
④ Mt. Everest is the most highest mountain in the world.
⑤ Mt. Everest is higher mountain in the world.

**11** 다음 빈칸에 들어갈 수 있는 것을 <u>모두</u> 고르세요. [Unit39]

Anthony is _____ than Dora.

① kinder　　　　② lazy　　　　③ youngest
④ the most popular　⑤ taller

**12** 다음 문장에 most가 들어갈 곳을 고르세요. [Unit42]

Mr. Smith ① is the ② successful ③ man ④ in this city ⑤ .

13~14. 다음 괄호 안의 단어를 어법에 알맞게 쓰세요.

**13** This sofa is _____ than that chair. (comfortable) [Unit40]

**14** This school is the _____ building in this town. (old) [Unit42]


15~16. 다음 밑줄 친 부분을 바르게 고쳐 문장을 다시 쓰세요.

**15** Math is more <u>difficulter</u> than science. [Unit40]

→ _____

**16** Sandwiches are <u>gooder</u> than hamburgers. [Unit41]

→ _____


17~18. 다음 우리말에 알맞도록 주어진 단어를 바르게 배열하세요.

**17** 초콜릿은 사탕보다 더 맛이 있다.

(is, than, candies, delicious, more, chocolate) [Unit40]

→ _____

**18** 태평양은 세계에서 가장 큰 바다이다.

(is, ocean, the, the Pacific, in the world, largest) [Unit42]

→ _____

19~20. 다음 〈보기〉와 같이 비교하는 문장을 완성하세요.

〈보기〉
This pillow is soft. That cushion is not soft.
This pillow is <u>softer</u> <u>than</u> that cushion.

**19** Barbara has long hair. Patricia has short hair. [Unit39]

Barbara has _____ hair _____ Patricia.

**20** Mark has many books. George does not have many books. [Unit41]

Mark has _____ books _____ George.

# 전치사란? 다양한 전치사 정리

## 1 전치사

| 역할 | 명사 앞에 쓰며, 문장에 추가적인 정보를 제공함 |
|---|---|
| 형태 | 전치사＋명사 |
| 예 | I will see him at 3 o'clock.<br>(나는 그를 3시에 볼 것이다.) |

## 2 자주 쓰는 전치사

| 시간 전치사 | | |
|---|---|---|
| 전치사 | 뜻/용법 | 예 |
| at | ～에<br>구체적인 시점 앞 | at 8:00 (8시에) |
| on | ～에<br>날짜, 요일, 날 앞 | on Monday (월요일에) |
| in | ～에<br>달, 년, 계절, 기간 앞 | in the morning (아침에)<br>in 2016 (2016년에) |
| before | ～전에 | before 12:00 (12시 전에) |
| after | ～후에 | after lunch (점심 후에) |
| until | ～까지 | until Monday (월요일까지) |
| for | ～동안 | for two hours (두 시간 동안) |

| 장소 전치사 | | |
|---|---|---|
| 전치사 | 뜻/용법 | 예 |
| above | ~위쪽에 | |
| on | ~위에 | |
| in | ~안에 | |
| beside | ~옆에<br>(next to = by) | |
| in front of | ~앞에 | |
| behind | ~뒤에 | |
| under | ~아래에 | |
| at/on/in<br>비교 | at ~에서<br>구체적인 지점. 행사 | at the bus stop<br>(버스 정류소에서) |
| | on ~(위)에<br>표면과 닿아 있을 때 | on the wall (벽에) |
| | in ~안에<br>비교적 넓은 지역 | in Seoul (서울에) |
| between | ~사이에<br>(두 명/개) | between the desk and the chair (의자와 책상 사이에) |
| to | ~로 | I will go to New Zealand.<br>(나는 뉴질랜드에 갈 것이다.) |

| 기타 전치사 | | |
|---|---|---|
| 전치사 | 뜻/용법 | 예 |
| of | ~의 (소유) | I read the first page of the book. (나는 책의 첫 장을 읽었다.) |
| about | ~에 대해 | I don't know anything about him. (나는 그에 대해서 어떤 것도 모른다.) |
| with | ~와 함께 | I will be with you. (나는 너와 함께 있을 거야.) |
| without | ~없이 | I can't live without you. (나는 너 없이 살 수 없다.) |
| by | (교통수단) ~을 타고, ~에 의해 | Tom went there by bus. (Tom은 버스를 타고 거기에 갔다.) This story was written by him. (이야기는 그에 의해 쓰였다.) |
| for | ~를 위해서 | This book is for you. (이 책은 너를 위한 것이다.) |
| to | ~에게 | I sent a letter to her. (나는 그녀에게 편지를 보냈다.) |
| from | ~로부터 | I got a gift from Tom. (나는 Tom으로부터 선물을 받았다.) |

A 다음 빈칸에 알맞은 전치사를 〈보기〉에서 골라 쓰세요.

〈보기〉 without   by   about   under
between   to   with   in

1. 나는 Jack과 함께 파티에 갈 것이다.

   I will go to the party _____ Jack.

2. Betty는 나무 아래에서 고양이 한 마리를 발견했다.

   Betty found a cat _____ the tree.

3. Linda는 택시를 타고 학교에 갔다.

   Linda went to school _____ taxi.

4. 그 가게는 도서관과 우체국 사이에 있다.

   The store is _____ the library and the post office.

5. 나는 이 카드를 Nancy에게 보낼 것이다.

   I will send this card _____ Nancy.

6. 사람은 물 없이 살 수 없다.

   People can't live _____ water.

7. 나는 그녀에 대해서 모른다.

   I don't know anything _____ her.

# 시간 전치사 at, on, in 구분하기

머리에 쏙쏙

▶ 시간 전치사 at, on, in

|  | 뜻 | 쓰임 | 예 |
|---|---|---|---|
| at | ~에 | 구체적인 시점 앞에서 | at 5:30 (5시 30분에)<br>at noon (정오에, 낮 12시에)<br>at lunchtime (점심시간에) |
| on |  | 날짜나 요일 앞에서 | on Tuesday (화요일에)<br>on July 15th (7월 15일에)<br>on Christmas Day (크리스마스에) |
| in |  | 달, 년, 계절, 기간과 같이 비교적 긴 기간 앞에서 | in August (8월에)<br>in 2015 (2015년에)<br>in the morning (아침에)<br>예외) at night (밤에) |

**A** 다음 빈칸에 at, on, in 중 알맞은 전치사를 넣으세요.

1. _____ the morning
2. _____ five o'clock
3. _____ January
4. _____ Monday
5. _____ noon

**B** 다음 중 어법상 알맞은 말을 골라 동그라미 하세요.

1. We are going to New Zealand (in, on) December.
2. I have a piano lesson (at, in) 2:30.
3. I was born (at, on) March 4th, 1998.
4. Karen will meet Andrew (in, on) Saturday.

**C** 다음 〈보기〉에서 알맞은 전치사를 골라 빈칸을 완성하세요.

〈보기〉 before   after   at   until

1. 나는 9시 전에 나의 숙제를 끝낼 것이다.
   I will finish my homework _____ 9 o'clock.
2. 그 병원은 7시까지 연다.
   The hospital is open _____ 7 o'clock.
3. 나의 할머니는 6시에 일어나신다.
   My grandmother gets up _____ 6 o'clock.

# 장소 전치사 at, on, in 구분하기

▶ 장소 전치사 at, on, in

| | 쓰임 | 예 |
|---|---|---|
| **at** | 구체적인 지점<br>앞에서 | at the bus stop (버스 정류소에서)<br>at the supermarket (슈퍼마켓에서)<br>at a party (파티에서) |
| **on** | 표면과<br>닿아 있을 때 | on a wall (벽에)<br>on a street (길 위에)<br>on the second floor (2층 위에) |
| **in** | 비교적<br>넓은 영역 | in Seoul (서울에)<br>in Korea (한국에)<br>in the sky (하늘에) |

**A** 다음 중 어법상 알맞은 말을 골라 동그라미 하세요.

1. I live (in, on) Seoul.
2. There are two paintings (in, on) the wall.
3. See you (on, at) the library.
4. I will meet Lucy (on, at) the concert.

**B** 다음 〈보기〉에서 알맞은 전치사를 골라 빈칸을 완성하세요.

〈보기〉 beside   to   above   behind   in

1. 나는 구름 위에 비행기를 볼 수 있다.
   I can see an airplane _____ the clouds.

2. 도서관은 우체국 뒤에 있다.
   There is a library _____ the post office.

3. 우리는 우리의 여름 방학을 스페인에서 보냈다.
   We spent our summer vacation _____ Spain.

4. Martin은 어제 일본에 갔다.
   Martin went _____ Japan yesterday.

5. Jennifer가 큰 나무 옆에 있다.
   Jennifer is _____ a tall tree.

# 접속사 정리 1

## 1 단어와 단어를 연결하는 접속사

| 접속사 | 뜻 |
|---|---|
| and | ~와 |
| or | ~또는 |
| but | ~하지만 |

## 2 접속사의 역할

| 단어 | 접속사 | 단어 | 예 |
|---|---|---|---|
| 명사 | 연결 | 명사 | Tom and Minsu are friends.<br>(Tom과 민수는 친구이다.) |
| 형용사 | | 형용사 | Linda is smart and beautiful.<br>(Linda는 똑똑하고 아름답다.) |
| 동사 | | 동사 | Jack can read and speak Korean.<br>(Jack은 한국어를 읽고 쓸 수 있다.) |
| 전치사 보따리 | | 전치사 보따리 | Will you go to Japan or (to) China? (너는 일본 또는 중국에 갈 거니?) |

## 3 and와 or가 여러 단어를 연결할 때

연결하는 단어 사이에 콤마를 쓰며, 맨 마지막에 연결하는 단어 앞에 and나 or를 씀

I will buy a chair, a desk, some pencils and three books.

(나는 의자 하나, 책상 하나, 약간의 연필과 책 세 권을 살 것이다.)

🄰 다음 〈보기〉에서 알맞은 접속사를 골라 빈칸을 완성하세요.

〈보기〉 but or and

1. 나는 약간의 연필과 공책을 샀다.
   I bought some pencils _____ notebooks.

2. 이 가방은 멋지지만 비싸다.
   This bag is nice _____ expensive.

3. 너는 물이나 주스를 원하니?
   Do you want water _____ juice?

🄱 다음 중 어법상 알맞은 말을 골라 동그라미 하세요.

1. Mr. Smith is strong and (brave, bravely).

2. Karen is sick but (happy, happily).

3. Is he sad or (angry, angrily)?

🄲 다음 우리말에 알맞도록 주어진 단어를 바르게 배열하세요.

1. 나는 피곤하고 배가 고프다. (am, tired, I, and, hungry)

   _____

2. 그 파이는 싸지만 맛이 있다. (but, delicious, is, cheap, the pie)

   _____

3. 나는 스웨덴, 이탈리아, 덴마크에 갈 것이다.
   (I, Italy, go, and, Denmark, Sweden, will, to)

   _____

# 접속사 정리 2

▶ 문장과 문장을 이어 주는 접속사

| 접속사 | 뜻 | 예 |
|---|---|---|
| and | 그리고 | The boy came home, and his mother hugged him.<br>(그 소년이 집에 왔고, 그의 엄마는 그를 안아 주었다.) |
| but | 그러나 | The boy is happy, but the girl is sad.<br>(그 소년은 행복하지만, 그 소녀는 슬프다.) |
| because | 왜냐하면<br>(이유) | I will go to bed early because I'm tired.<br>(나는 피곤하기 때문에 일찍 잘 것이다.) |
| so | 그래서<br>(결과) | I'm sick so I can't go to the park.<br>(나는 아파서 공원에 갈 수 없다.) |
| when | ~할 때 | You should drive carefully when it is rainy.<br>(비가 올 때 너는 조심히 운전해야 한다.) |

주의) 문장이란 '주어+동사'로 이루어짐

**A** 다음 중 우리말에 알맞은 접속사를 골라 동그라미 하세요.

1. 내가 돌아왔을 때, Dave는 컴퓨터 게임을 하고 있었다.

   Dave was playing a computer game (so, when) I came back.

2. 그가 거짓말을 했기 때문에, Patricia는 화가 났다.

   Patricia was angry (but, because) he told her lies.

3. Robert는 돈이 많았지만 행복하지 않았다.

   Robert had lots of money (so, but) he was not happy.

4. Barbara는 공부를 열심히 해서 시험에 합격했다.

   Barbara studied hard (because, so) she passed the test.

**B** 다음 괄호 안의 접속사를 사용하여 두 문장을 한 문장으로 써 보세요.

1. I closed the door. It was cold. (because)

   _____

2. My eyes were dry. I got up in the morning. (when)

   _____

3. Clair didn't buy the shoes. They were too expensive. (because)

   _____

4. It was dark. Joe turned on the light. (so)

   _____

# 전치사 & 접속사 Test

1~3. 다음 빈칸에 들어갈 말로 알맞은 것을 고르세요.

**1** 나는 점심 식사 후에 숙제를 할 것이다.
I will do my homework _____ lunch. [Unit44]

① at     ② after     ③ before     ④ until     ⑤ for

**2** Donna는 토요일마다 William을 만난다.
Donna meets William _____ Saturdays. [Unit45]

① at     ② on     ③ in     ④ for     ⑤ to

**3** 나와 내 동생은 중국어를 배운다.
My brother _____ I learn Chinese. [Unit47]

① but     ② or     ③ so     ④ when     ⑤ and

**4** 다음 문장에 접속사 because가 들어갈 곳을 고르세요. [Unit48]
Charles ① didn't ② come to ③ school ④ he was ⑤ sick.

**5** 다음 문장에 전치사 in이 들어갈 곳을 고르세요. [Unit46]
① Elizabeth ② worked ③ Korea ④ last ⑤ year.

**6** 다음 중 빈칸에 들어갈 말이 다른 하나를 고르세요. [Unit45]

① My birthday is _____ June.
② James enjoys snowboarding _____ winter.
③ Chris gets up at 7:30 _____ the morning.
④ I was a university student _____ 2006.
⑤ There are few people in the park _____ night.

7~8. 다음 빈칸에 공통적으로 들어갈 말을 고르세요.

**7**
I will meet him _____ the bus stop.
Joe and Mark sang _____ our wedding.      [Unit46]

① in        ② at        ③ on        ④ to        ⑤ between

**8**
I like the movie. _____ he doesn't like it.
The school is big _____ too old.      [Unit47]

① or        ② and        ③ so        ④ but        ⑤ because

9~10. 다음 밑줄 친 부분이 잘못된 것을 고르세요.

**9**
① We went to Busan <u>by</u> bus.      [Unit45]
② A man is singing <u>in front of</u> the shop.
③ I will plant some trees <u>in</u> spring.
④ The class starts <u>on</u> 9:00.
⑤ I'm going to have a party <u>on</u> my birthday.

10 ① The library is <u>beside</u> the park. [Unit46]
② There is a shoe store <u>at</u> the third floor.
③ The girl is standing <u>between</u> Martin and David.
④ My sister works <u>at</u> a hospital.
⑤ I saw the puppy <u>in</u> the garden.


11~12. 다음 대화의 빈칸에 알맞은 말을 고르세요.

11
A : Will you go there _____ train?
B : Yes, I will. [Unit44]

① by      ② to      ③ from      ④ at      ⑤ until


12
A : Are you okay?
B : Not really. I am cold _____ sick. [Unit47]

① but      ② because   ③ before      ④ or      ⑤ and


서술형 도전

13~16. 다음 우리말에 알맞도록 전치사를 넣어 문장을 완성하세요.

13 Maria took a walk _____ Betty. [Unit44]

(Maria는 Betty와 함께 산책을 갔다.)


14 I will read a book _____ the afternoon. [Unit45]

(나는 오후에 책 한 권을 읽을 것이다.)

*15* Kevin and Anthony live _____ France.　[Unit46]

(Kevin과 Anthony는 프랑스에 산다.)


*16* Do you want to go to the supermarket _____ the department store?　[Unit47]

(너는 슈퍼마켓 또는 백화점에 가기를 원하니?)


17~18. 다음 밑줄 친 부분을 바르게 고치세요.

*17* 나는 선생님이나 간호사가 되고 싶다.　[Unit47]

I want to be a teacher <u>and</u> a nurse.　_____


*18* 그 질문은 어렵지만 흥미롭다.　[Unit47]

The question is difficult <u>and</u> interesting.　_____


19~20. 다음 주어진 단어를 바르게 배열하여 문장을 다시 쓰세요.

*19* [Unit48]

Amy was late for the meeting (was heavy, because, the traffic)

→ _____


*20* [Unit48]

I met George (was, nine years old, when, I)

→ _____

# There is / There are

## 1 there의 쓰임

| 구분 | 뜻 | 예 |
|------|------|------|
| there | 거기에 | I went there. (나는 거기에 갔다.) |
| There + be동사 | ~가 있다 | There is a cat under the table. (테이블 밑에 고양이가 있다.) |

## 2 There is와 There are의 차이

| 구분 | 쓰임 |
|------|------|
| There is + 주어 | 주어가 단수명사일 때 |
| | There is a bus at 10. (10시에 버스 한 대가 있다.) |
| There are + 주어 | 주어가 복수명사일 때 |
| | There are some boys in the park. (공원에 몇몇 소년들이 있다.) |

## 3 There is / There are 의문문, 부정문

| 구분 | 방법 |
|------|------|
| 의문문 | is 또는 are를 앞으로 보내기 Is there a bank near the library? (도서관 근처에 은행이 있니?) |
| 부정문 | is 또는 are 다음에 not을 붙이기 There isn't a bank near the library. (도서관 근처에 은행이 없다.) |

**A** 다음 중 there가 '거기에'라고 해석되는 문장을 <u>모두</u> 고르세요.

1. <u>There</u> is a department store in our town.

2. Edward went to Busan. He will stay <u>there</u>.

3. <u>There</u> are two people in the cafe.

4. Can I go <u>there</u>?

5. <u>There</u> are some tomatoes on the table.

**B** 다음 중 어법상 알맞은 말을 골라 동그라미 하세요.

1. There ( is, are ) a big supermarket near my house.

2. There ( is, are ) an airplane at 17:00.

3. There ( is, are ) thirty boys in the class.

4. There ( is, are ) some fruits in the basket.

**C** 다음 우리말에 알맞도록 주어진 단어를 바르게 배열하세요.

1. 공원 안에 많은 자전거들이 있다.
   (are, in, bikes, many, there, the park)

   → _____

2. 우리 집 앞에 차 두 대가 있다.
   (our house, there, in front of, two, are, cars)

   → _____

3. 우체국 옆에 박물관이 있다.
   (the post office, there, beside, is, a museum)

   → _____

# 의문사 의문문 만들기 1: 개념 정리

## 1 의문문의 종류

| 의문사 종류 | 특징 |
|---|---|
| YES / NO Questions<br>(네 / 아니요 의문문) | "네 / 아니요"로 답하는 질문 |
| WH Questions<br>(의문사 의문문) | 의문사로 시작하여, "네 / 아니요"로<br>답할 수 없는 질문 |

## 2 의문사

| 의문사 | who | when | where | what | how | why |
|---|---|---|---|---|---|---|
| 뜻 | 누가 | 언제 | 어디서 | 무엇을 | 어떻게 | 왜 |

## 3 의문사 의문문 만드는 법

| 경우 | 방법 | 예 |
|---|---|---|
| be동사가<br>있는 경우 | 의문사 + be동사 +<br>주어 ~? | He is 000. (그는 0000이다.)<br>Who is he? (그는 누구니?) |
| 일반동사가<br>있는 경우 | 의문사 +<br>do(does, did) +<br>주어 + 동사원형 ~? | He likes 000.<br>(그는 000를 좋아한다.)<br>What does he like?<br>(그는 무엇을 좋아하니?) |
| 조동사가<br>있는 경우 | 의문사 + 조동사 +<br>주어 + 동사원형 ~? | He will come back 000.<br>(그는 000에 돌아올 것이다.)<br>When will he come back?<br>(그는 언제 돌아올 거니?) |

**A** 다음 우리말에 알맞도록 주어진 단어를 바르게 배열하세요.

1. 너의 이름은 무엇이니? (your name, is, what)

→ _____

2. 너는 어디에 사니? (do, you, live, where)

→ _____

3. 너는 언제 한국에 왔니? (did, you, when, come to Korea)

→ _____

4. 그녀는 무엇을 좋아하니? (does, what, like, she)

→ _____

**B** 질문과 답을 바르게 연결해 보세요.

1. Are you hungry? •　　　　• a. It's rainy.
2. How is the weather? •　　　　• b. Yes, I am.
3. When did you get up? •　　　　• c. I got up at 10 o'clock.

**C** 다음 문장에서 알맞은 단어를 골라 동그라미 하세요.

1. When ( do / does ) you go swimming?

2. Why ( are / is ) you sad?

3. Where ( do / did ) he go last night?

# 의문사 의문문 만들기 2:
## what, how

### *I* What + 명사

| 뜻 | 무슨 ~니? 몇 ~이니? |
|---|---|
| 예 | What time is it? (몇 시니?) |
| | What day is it today? (오늘 무슨 요일이니?) |

### *2* How + 형용사 / 부사

| 뜻 | 얼마나 ~하니? |
|---|---|
| 예 | How old are you? (너는 나이가 얼마나 들었니?) |
| | How tall are you? (너는 키가 얼마나 크니?) |
| 주의 | How many + 셀 수 있는 명사~?<br>How much + 셀 수 없는 명사~? |

**A** 질문과 답을 바르게 연결해 보세요.

1. How tall are you? •    • a. It is large.
2. What size is this? •    • b. I'm 160cm.
3. How old is Susan? •   • c. She is 18 years old.
4. What day is it? •      • d. It's Friday.

**B** 다음 대화에서 알맞은 단어를 골라 동그라미 하세요.

1. A : How (many / much) pencils do you have?
   B : Three. Would you like to borrow one?

2. A : How (many / much) cats does he have?
   B : He only has one cat.

3. A : How (many / much) rice would you like?
   B : Half a bowl, please.

4. A : How (many / much) water did you drink?
   B : About 2 liters.

**C** 다음 우리말에 알맞도록 주어진 단어를 바르게 배열하세요..

1. 너의 휴대폰은 무슨 색깔이니? (is, your, color, cell phone, what)
   → _____

2. 너는 얼마나 종종 자전거를 타니? (how, ride, often, do, you, a bike)
   → _____

3. 이 상자는 얼마나 무겁니? (the box, heavy, how, is)
   → _____

# 의문사 의문문 만들기 3:
## 의문사가 주어일 때

▶ Who 의문문 두 가지 형태

| | 의문사가 주어가 아닐 때 | 의문사가 주어일 때 |
|---|---|---|
| 형태 | • 의문사＋be동사＋주어～?<br>• 의문사＋do / does / did ＋<br>　주어＋동사원형～?<br>• 의문사＋조동사＋주어＋<br>　동사원형～? | 의문사＋동사～? |
| 만드는<br>법 | ①be동사가 있으면 be동사를!<br>　일반동사가 있을 때는<br>　do, does, did를!<br>　조동사가 있을 때는 조동사를<br>　의문사 뒤에 쓰기<br>②물음표 붙이기 | ①주어의 자리에<br>　의문사를 넣고 나머지<br>　문장은 그대로 두기<br>②물음표 붙이기 |
| 뜻 | 누구를 | 누가 |
| 예 | He likes OOO.<br>(그는 OOO를 좋아한다.)<br>Who does he like?<br>(그는 누구를 좋아하니?) | OOO likes her.<br>(OOO는 그녀를 좋아한다.)<br>Who likes her?<br>(누가 그녀를 좋아하니?) |

**A** 다음 〈보기〉와 같이 문장을 의문문으로 바꿔 보세요.

> 〈보기〉 000 lives here.
> → **Who lives here?** 누가 여기에 사니?

1. Jack met 000 yesterday.

→ _____

Jack은 어제 누구를 만났니?

2. 000 likes apples.

→ _____

누가 사과를 좋아하니?

3. Helen called 000.

→ _____

Helen은 누구에게 전화했니?

4. 000 bought a candle.

→ _____

누가 초를 샀니?

**B** 다음 의문문의 알맞은 뜻을 고르세요.

1. Who helped you?
   a. 누가 너를 도와줬니?    b. 너는 누구를 도와줬니?

2. Who did Karen see?
   a. 누가 Karen을 보았니?    b. Karen은 누구를 보았니?

3. Who visited Anthony?
   a. 누가 Anthony를 방문했니?    b. Anthony는 누구를 방문했니?

# 명령문 만들기

## 1 명령문 만들기

| 형태 | 주어를 생략하고, 동사원형을 씀 |
|------|------------------------------|
| 뜻 | ～해라 |
| 예 | Be careful. (조심해라.)<br>Look at me. (나를 봐.) |

## 2 부정 명령문 만들기

| 형태 | 명령문 앞에 Don't를 붙임 |
|------|------------------------|
| 뜻 | ～하지마 |
| 예 | Don't be late. (늦지 마.)<br>Don't look at me. (나를 보지 마.) |

## 3 제안문 만들기

| 형태 | 동사 앞에 Let's를 붙임 (let's＝let us)<br>주의) Let's 다음에 동사원형을 써야 함 |
|------|------------------------------------------------------------------|
| 뜻 | ～하자 |
| 예 | Let's have lunch together. (점심 같이 먹자.)<br>Let's go home. (집에 가자.) |

**A** 다음 〈보기〉와 같이 주어진 문장을 활용하여 우리말 해석에 알맞게 쓰세요.

> 〈보기〉 You get up early.
> → 일찍 일어나. <u>Get up early.</u>

1. You tell a lie.
   → 거짓말 하지 마. _____

2. You are honest.
   → 정직해라. _____

3. You are noisy.
   → 시끄럽게 하지 마. _____

4. You jump here.
   → 여기에서 뛰지 마. _____

**B** 다음 밑줄 친 부분이 맞으면 O, 틀리면 X를 하고 바르게 고치세요.

1. Let's <u>sings</u> together. _____

2. Let's <u>be</u> happy. _____

3. Don't <u>is</u> angry. _____

4. <u>Doesn't</u> speak loudly. _____

# 다양한 문장 Test

1~3. 다음 빈칸에 들어갈 말로 알맞은 것을 고르세요.

**1**  There are many _____ in the park    [Unit50]

① a dog      ② a cat      ③ a rabbit      ④ Dave      ⑤ children

**2**  What did he _____ ?      [Unit52]

① reads      ② ate      ③ watches      ④ has      ⑤ buy

**3**  _____ touch the pot. It's very hot.      [Unit54]

① Don't      ② Doesn't      ③ Aren't      ④ Be not      ⑤ Isn't

**4** 다음 밑줄 친 부분 중 쓰임이 다른 하나를 고르세요. [Unit50]

① <u>There</u> are many students in the library.
② <u>There</u> is a duck in the lake.
③ <u>There</u> are some bikes near the museum.
④ I will be <u>there</u> soon.
⑤ <u>There</u> is a train at 9:40.

**5** 다음 〈보기〉의 우리말과 일치하는 문장을 고르세요. [Unit53]

〈보기〉 너는 어제 누구를 만났니?

① Who met you yesterday?
② Who did you meet yesterday?
③ Who do you meet yesterday?
④ Who meet you yesterday?
⑤ Who dose you meet yesterday?

6~8. 다음 대화의 빈칸에 알맞은 말을 고르세요.

**6** A : _____ is the book?     [Unit51]
B : It's on the table.

① Why     ② Where     ③ When     ④ How     ⑤ Who

**7** A : _____ time do you get up?     [Unit52]
B : At 8 o'clock.

① Why     ② Where     ③ What     ④ How     ⑤ When

**8** A : _____ often do you go hiking?     [Unit52]
B : Once a week.

① Why     ② Where     ③ When     ④ How     ⑤ Who

9~10. 다음 밑줄 친 부분이 잘못된 것을 고르세요.

**9**
① <u>Washes</u> dishes. [Unit54]
② <u>Be</u> nice to people.
③ <u>Turn</u> off you cell phone.
④ Let's <u>study</u> together.
⑤ <u>Exercise</u> regularly.

**10**
① <u>How much</u> hats do you have? [Unit52]
② <u>How tall</u> are you?
③ <u>What sport</u> do you like?
④ <u>How high</u> is the mountain?
⑤ <u>How many</u> students study here?

**11**
① <u>Is</u> there a tiger in the zoo? [Unit50]
② There <u>are</u> many flowers in the garden.
③ There <u>is</u> a ball under the chair.
④ <u>Are</u> there a post office in your town?
⑤ There <u>are</u> some rabbits on the hill.

**12** 다음 중 빈칸에 들어갈 말이 <u>다른</u> 하나를 고르세요. [Unit52]
① _____ is he doing now?
② _____ day is it?
③ _____ color do you like?
④ _____ is your name?
⑤ _____ many dogs do you have?

*13* 의자 위에 쿠션 한 개가 있다.

(on, there, the chair, is, a cushion) [Unit50]

→ _____

*14* 너는 어디에서 그 컴퓨터를 샀니?

(the computer, where, buy, did, you) [Unit51]

→ _____

*15* 너는 얼마나 많은 학생들을 가르치고 있니?

(many, students, you, teaching, how, are) [Unit52]

→ _____

*16* 학교에서 휴대 전화를 사용하지 마.

(use, a cell phone, at school, don't) [Unit54]

→ _____

17~20. 다음 〈보기〉에서 응답에 해당하는 질문을 찾아 대화를 완성하세요.

Why were you late?
How was the concert?
Who gave you this book?
How many children does Susan have?
When are you leaving Korea?

**17** A : _____ [Unit51]

B : It was great.

**18** A : _____ [Unit51]

B : Because I missed the bus.

**19** A : _____ [Unit52]

B : She has two children.

**20** A : _____ [Unit53]

B : Barbara did.

**1** 다음 빈칸에 공통으로 알맞은 be동사를 쓰세요. [Unit2]

Bella _____ a student.

The dog _____ brown.

**2** 다음 밑줄 친 부분이 잘못된 것을 고르세요. [Unit4]

① Tim <u>runs</u> every morning.

② She <u>teach</u> Korean.

③ John and Mary <u>go</u> to the same school.

④ Ann <u>lives</u> in New Zealand.

⑤ The dog <u>has</u> big ears.

**3** 다음 문장에 should가 들어갈 곳을 고르세요. [Unit16]

You ① take ② a ③ rest ④ tonight ⑤.

**4** 다음 빈칸에 들어갈 말로 알맞은 것을 고르세요. [Unit14]

_____ she dancing now?

① Will        ② Are        ③ Is        ④ Does        ⑤ Did

**5** 괄호 안에 동사를 활용하여 빈칸을 완성하세요. [Unit8]

Jennifer _____ sick last night. (be)

**6** 다음 〈보기〉의 우리말을 영어로 바르게 옮긴 것을 고르세요. [Unit14]

> Mark는 자전거를 타고 있는 중이다.

① Mark ride a bike.
② Mark is riding a bike.
③ Mark is ride a bike.
④ Mark is rode a bike.
⑤ Mark is rides a bike.

**7** 다음 빈칸에 공통적으로 들어갈 말을 고르세요. [Unit6]

> _____ she like fish?
> Jack _____ not have a cell phone.

① am     ② are     ③ is     ④ do     ⑤ does

**8** 다음 중 빈칸에 들어갈 수 <u>없는</u> 것을 고르세요. [Unit22]

> I bought a _____.

① book          ② bike          ③ water
④ banana        ⑤ desk

**9** 다음 밑줄 친 부분을 바르게 고치세요. [Unit20]

I saw three <u>deers</u> in the zoo. → _____

**10** 다음 밑줄 친 부분이 잘못된 것을 고르세요. [Unit22]

① I have <u>a computer</u>.
② Emily gave me two <u>pens</u>.
③ We need <u>a money</u>.
④ Ms. Smith has two <u>sons</u>.
⑤ They live in <u>Brazil</u>.

**11** 다음 빈칸에 알맞은 대명사를 쓰세요. [Unit24]

> This is Mary. _____ is from Australia.

**12** 다음 중 빈칸에 들어갈 말이 <u>다른</u> 하나를 고르세요. [Unit27]

① This _____ Minsu.
② That house _____ mine.
③ This book _____ boring.
④ These boxes _____ heavy.
⑤ This cap _____ new.

**13** 다음 중 밑줄 친 부분을 바꿔 쓸 수 있는 말을 고르세요. [Unit24]

> <u>Lucy and I</u> are at the library.

① She    ② They    ③ We    ④ Our    ⑤ Their

14~15. 다음 중 빈칸에 들어갈 수 <u>없는</u> 것을 고르세요.

**14** There are _____ children in the library. [Unit30]

① many      ② lots of      ③ some
④ a few      ⑤ much

**15** The train is _____. [Unit34]

① long      ② fast      ③ quickly
④ noisy      ⑤ slow

**16** 다음 문장에 always를 넣어 문장을 다시 쓰세요. [Unit37]

Julie goes to school by subway.

→ _____

**17** 다음 밑줄 친 단어 중 부사를 고르세요. [Unit35]
① The test was <u>hard</u>.
② I should study <u>hard</u>.
③ This is a <u>hard</u> question.
④ I bought this <u>hard</u> pillow.
⑤ Cooking is <u>hard</u> for me.

**18** 다음 중 빈칸에 들어갈 말로 알맞은 것을 고르세요. [Unit39]

Matt is _____ than me.

① tall            ② taller          ③ more tall
④ more taller     ⑤ tallest

**19** 괄호 안의 단어를 변형하여 비교급 문장을 완성하세요. [Unit41]

I can dance _____ than Karen. (well)
(나는 Karen보다 더 춤을 잘 춘다.)

**20** 다음 대화의 빈칸에 알맞은 말을 고르세요. [Unit45]

A : When are you going to meet Tom?
B : _____ 9:00 a.m.

① On      ② At      ③ In      ④ For      ⑤ To

**21** 다음 문장에 because가 들어갈 곳을 고르세요. [Unit48]

I ① didn't ② do ③ my homework ④ I ⑤ was sick.

**22** 다음 우리말에 알맞도록 알맞은 전치사를 쓰세요. [Unit44]

I will go _____ Spain tomorrow.
(나는 내일 스페인에 갈 거야.)

**23** 다음 중 빈칸에 들어갈 수 <u>없는</u> 것을 고르세요. [Unit50]

> There are many _____ on the hill.

① sheep        ② children        ③ boy
④ students     ⑤ trees

**24** 다음 빈칸에 공통적으로 들어갈 말을 고르세요. [Unit6, Unit54]

> _____ drive too fast.
> Tim and John _____ like math.

① are        ② doesn't        ③ don't
④ isn't       ⑤ be

**25** 다음 우리말에 알맞도록 주어진 단어를 바르게 배열하세요. [Unit53]

누가 내 안경을 깼니? (broke, who, my glasses)

→ _____

1 다음 중 빈칸에 들어갈 수 <u>없는</u> 것을 <u>모두</u> 고르세요. [Unit2]

_____ are from England.

① We          ② They          ③ Susan
④ David and Robert   ⑤ He


2 다음 빈칸에 공통적으로 들어갈 말을 고르세요. [Unit3]

_____ you hungry?
These oranges _____ delicious.

① am          ② are          ③ is
④ do          ⑤ does


3 다음 문장을 부정문, 의문문으로 바꿔 보세요. [Unit6]

He has many friends.

부정문 : _____

의문문 : _____

**4** 다음 빈칸에 들어갈 말로 알맞은 것을 고르세요. [Unit9]

> I _____ Barbara last winter.

① meet        ② met        ③ meets
④ will meet        ⑤ am going to


**5** 다음 우리말과 일치하도록 빈칸에 알맞은 것을 고르세요. [Unit15]

> 저 강아지는 배고픔에 틀림없다.
> That puppy _____ be hungry.

① can        ② may        ③ should
④ can't        ⑤ must


**6** 다음 중 빈칸에 들어갈 수 없는 것을 모두 고르세요. [Unit15]

> Patricia can _____ English.

① speak        ② taught        ③ understands
④ read        ⑤ write


**7** 다음 문장을 의문문으로 바꿀 때, 빈칸을 완성하세요. [Unit11]

Brian played soccer yesterday.

→ _____ Brian _____ soccer yesterday?

**8** 괄호 안에 명사를 활용하여 빈칸을 완성하세요. [Unit20]

My mom made two _____. (desk)


**9** 다음 중 빈칸에 들어갈 수 <u>없는</u> 것을 고르세요. [Unit21]

Jane lost a pair of _____.

① shoes          ② glasses          ③ scissors
④ jeans          ⑤ pen


**10** 다음 중 빈칸에 a를 쓸 수 <u>없는</u> 것을 고르세요. [Unit19]

① My dad is _____ teacher.
② Michael is driving _____ bus.
③ I saw _____ black goat.
④ There is _____ tree in my garden.
⑤ Could you pass me _____ egg?


**11** 다음 빈칸에 공통적으로 들어갈 말을 쓰세요. [Unit26]

_____ is cold today.

_____ is Wednesday.

## 12 다음 밑줄 친 부분이 잘못된 것을 고르세요. [Uni25]

① I don't know <u>his</u> name.
② My mom bought some books for <u>me</u>.
③ This is not <u>her</u> notebook.
④ I cleaned <u>my</u> room.
⑤ Can I borrow <u>you</u> umbrella?

## 13~14. 다음 중 빈칸에 들어갈 수 <u>없는</u> 것을 고르세요.

### 13    This _____ is mine.    [Unit27]

① cup            ② camera          ③ watch
④ bikes         ⑤ dog

### 14    Andrew is _____.    [Unit34]

① happy         ② sad            ③ angrily
④ diligent      ⑤ smart

## 15 다음 중 연도와 날짜를 바르게 읽은 것을 고르세요. [Unit33]

2015년 5월 5일

① May fifth, two thousand five
② May five, two fifty
③ May fifth, twenty fifty
④ May five, twenty fifteen
⑤ May fifth, twenty fifteen

**16** 다음 문장에서 pretty의 뜻에 주의하여 해석을 쓰세요. [Unit35]

This question is pretty difficult.

_____

**17** 다음 〈보기〉의 우리말을 영어로 바르게 옮긴 것을 고르세요. [Unit30]

> Elizabeth는 친구가 거의 없다.

① Elizabeth has some friends
② Elizabeth has few friends.
③ Elizabeth has a few friends.
④ Elizabeth has a little friends.
⑤ Elizabeth has lots of friends.

**18** 괄호 안의 단어를 변형하여 비교급 문장을 완성하세요. [Unit41]

Her painting is _____ than mine. (good)
(그녀의 그림이 나의 것보다 더 훌륭하다.)

**19** 다음 문장에 most가 들어갈 곳을 고르세요. [Unit42]

Chinese ① is ② the ③ interesting ④ subject ⑤ .

**20** 다음 빈칸에 공통적으로 들어갈 말을 고르세요. [Unit44]

> Susan goes to School _____ bus.
> This dog house was built _____ me.

① at            ② to            ③ in
④ by            ⑤ with


**21** 다음 밑줄 친 부분이 잘못된 것을 고르세요. [Unit45]

① Can I meet you <u>at</u> 4 o'clock?
② We will go on a picnic <u>in</u> March.
③ My sister was born <u>in</u> 1999.
④ Michael will go to the museum <u>on</u> Sunday.
⑤ I practiced yoga <u>at</u> the morning.


**22** 다음 우리말에 알맞도록 알맞은 접속사를 쓰세요. [Unit48]

> 나는 아팠지만, 학교에 갔다.

I was sick _____ I went to school.


**23** 다음 밑줄 친 부분을 바르게 고치세요. [Unit50]

There <u>is</u> some flowers on the table. _____

**24** 다음 질문에 대한 응답으로 알맞은 것을 고르세요. [Unit51]

A : What are you doing?
B : _____

① I went to the amusement park.
② I'm good.
③ Because I don't like it.
④ At 6:30
⑤ I'm making a birthday card.

**25** 다음 〈보기〉의 우리말을 영어로 바르게 옮긴 것을 고르세요. [Unit54]

여기에 쓰레기를 두고 가지 마.

① Leave trash here.
② Don't left trash here.
③ Don't leave trash here.
④ Don't leaves trash here.
⑤ Doesn't leaves trash here.

**1** 다음 빈칸에 공통적으로 들어갈 말을 고르세요. [Unit2]

> _____ he a singer?
> This lake _____ clean.

① am     ② are     ③ is     ④ do     ⑤ does

**2** 다음 문장에 not이 들어갈 곳을 고르세요. [Unit3]

Lucy ① is ② my ③ best ④ friend ⑤ .

**3** 다음 문장을 의문문으로 바꿀 때, 빈칸을 완성하세요. [Unit6]

She likes cats.

→ _____ she _____ cats?

**4** 다음 밑줄 친 부분이 잘못된 것을 고르세요. [Unit11]

① He <u>didn't sleeps</u> well last night.
② <u>Are</u> you going to buy the scarf?
③ Paul <u>visited</u> his uncle last week.
④ Did you <u>clean</u> your room?
⑤ Amy <u>didn't help</u> Tom yesterday.

**5** 다음 빈칸에 들어갈 말로 알맞은 것을 고르세요. [Unit12]

_____ you buy milk tomorrow?

① Will     ② Are     ③ Is     ④ Do     ⑤ Did

**6** 다음 우리말과 일치하도록 빈칸에 알맞은 것을 고르세요. [Unit14]

그는 산책을 하고 있는 중이다.
He _____ taking a walk now.

① will     ② are     ③ is     ④ does     ⑤ did

**7** 괄호 안에 있는 동사를 활용하여 빈칸을 완성하세요. [Unit13]

Scott _____ coffee every morning. (drink)

**8** 다음 중 빈칸에 들어갈 수 <u>없는</u> 것을 고르세요. [Unit19]

Ben has a _____.

① bread     ② bag     ③ cap     ④ cup     ⑤ box

**9** 다음 <u>밑줄</u> 친 부분을 바르게 고치세요. [Unit22]

Richard ate two <u>piece</u> of pizza. _____

**10** 괄호 안에 있는 대명사를 활용하여 빈칸을 완성하세요. [Unit24]

Tom is so friendly. I like _____. (he)


**11** 다음 밑줄 친 부분이 잘못된 것을 고르세요. [Unit21]

① Can I borrow your <u>scissor</u>?
② Jack is carrying two <u>boxes</u>.
③ I will buy two <u>pairs</u> of shoes.
④ There are seven <u>days</u> in a week.
⑤ My grandfather raises ten <u>sheep</u>.


**12** 빈칸에 들어갈 말이 순서대로 나열된 것을 고르세요. [Unit24]

> I have a brother. _____ name is Mark.
> _____ likes to exercise.
> I often go hiking with _____.

① He−His −his
② He−He−him
③ His−him−him
④ His−He−he
⑤ His−He−him


**13** 다음 중 빈칸에 some이 들어갈 수 <u>없는</u> 것을 고르세요. [Unit31]

① Jack took _____ medicine.
② I don't have _____ money.
③ Would you like _____ coffee?
④ I will borrow _____ books from the library.
⑤ Bill needs _____ coins.

**14** 다음 중 빈칸에 알맞은 대명사를 고르세요. [Unit25]

Jenny bought this new purse.
= This new purse is _____.

① she     ② her     ③ hers     ④ he     ⑤ hi

**15** 다음 중 밑줄 친 부분을 의미상 바꿔 쓸 수 있는 말을 고르세요. [Unit30]

Jane has <u>lots of</u> pictures.

① many     ② much     ③ little     ④ few     ⑤ a few

**16** 다음 숫자를 읽을 때, 빈칸에 알맞은 말을 쓰세요. [Unit32]

3,258,000

three _____ two hundred (and) fifty eight _____

**17** 다음 문장에 often이 들어갈 곳을 고르세요. [Unit37]

Andy ① plays ② badminton ③ with ④ his friends ⑤ .

**18** 다음 빈칸에 공통적으로 들어갈 말을 고르세요. [Unit40]

These sandals are _____ expensive than those sneakers.
Your health is _____ important than money.

① the     ② most     ③ more     ④ as     ⑤ than

**19** 다음 문장이 같은 뜻이 되도록 빈칸에 알맞은 말을 쓰세요. [Unit41]

Donna has five apples. Jeff has two apples.

→Donna has _____ apples than Jeff.

(Donna는 Jeff보다 더 많은 사과를 가지고 있다.)


**20** 다음 대화의 빈칸에 알맞은 말을 고르세요. [Unit46]

> A : Where do you live?
> B : I live _____ Daegu.

① on      ② at      ③ in      ④ for      ⑤ to


**21** 다음 빈칸에 but이 들어갈 수 있는 것을 고르세요. [Unit47]

① I like apples _____ strawberries.
② This cup is nice _____ too expensive.
③ Jane _____ Rachel are playing tennis.
④ Kate ate some cookies _____ fruits.
⑤ I'm sleepy _____ tired.


**22** 다음 우리말에 알맞도록 알맞은 전치사를 쓰세요. [Unit46]

> 진미의 집은 20층에 있다.

Jinmi's house is _____ the 20$^{th}$ floor.

**23** 다음 우리말에 알맞도록 주어진 단어를 바르게 배열하세요. [Unit50]

나의 집 근처에 두 개의 슈퍼마켓이 있다.

(are, supermarkets, near, two, my, house, there)

_____

**24** 다음 대화의 빈칸에 알맞은 말을 고르세요. [Unit52]

A : _____ often do you study Chinese?
B : Once a week.

① What     ② Where     ③ How     ④ When     ⑤ Why

**25** 다음 중 빈칸에 들어갈 수 <u>없는</u> 것을 고르세요. [Unit54]

Let's _____.

① dance
② listen to music
③ watches a movie
④ take a walk
⑤ sing

# 알아 두면 유용한 형용사

| | |
|---|---|
| beautiful (아름다운) | ugly (못생긴) |
| big (큰) | small (작은) |
| cheap (싼) | expensive (비싼) |
| clean (깨끗한) | dirty (더러운) |
| difficult (어려운) | easy (쉬운) |
| early (이른) | late (늦은) |
| full (가득한) | empty (빈) |
| full (배가 부른) | hungry (배고픈) |
| good (좋은) | bad (나쁜) |
| hot (더운) | cold (추운) |
| happy (행복한) | unhappy (불행한), sad (슬픈) |
| long (긴) | short (짧은) |
| new (새로운) | old (오래된) |
| polite (공손한) | rude (무례한) |
| poor (가난한) | rich (부유한) |
| quiet (조용한) | noisy (시끄러운) |
| right (올바른) | wrong (잘못된) |
| safe (안전한) | dangerous (위험한) |
| tall (키가 큰) | short (키가 작은) |
| true (사실인) | false (거짓인) |
| young (어린) | old (나이든) |

## 음절 기준으로 비교급 / 최상급 만드는 방법

| | 원형 | 비교급(~더) | 최상급(가장~한) |
|---|---|---|---|
| 1음절 | big (큰) | bigger | biggest |
| | cheap (싼) | cheaper | cheapest |
| | dark (어두운) | darker | darkest |
| | long (긴) | longer | longest |
| | nice (멋진) | nicer | nicest |
| | old (오래된) | older | oldest |
| | small (작은) | smaller | smallest |
| | thick (두꺼운) | thicker | thickest |
| 2음절<br>(y로 끝나는<br>형용사) | busy (바쁜) | busier | busiest |
| | easy (쉬운) | easier | easiest |
| | happy (행복한) | happier | happiest |
| | heavy (무거운) | heavier | heaviest |
| 2음절 | careful (조심하는) | more careful | most careful |
| | famous (유명한) | more famous | most famous |
| | peaceful (평화로운) | more peaceful | most peaceful |
| 3음절 | beautiful (아름다운) | more beautiful | most beautiful |
| | difficult (어려운) | more difficult | most difficult |
| | expensive (비싼) | more expensive | most expensive |
| | important (중요한) | more important | most important |

## Part 5 Unit 29

A 1. I am not sad.  2. The movie was scary.
   3. We are good friends.  4. She is smart.
B 1. short  2. hungry  3. old  4. cold
C 1. She has a big dog.  2. I bought new shoes.
   3. I like her beautiful voice.  4. Jim is a nice man.

## Unit 30

A kiwis, ants, stamps
B 1. a few  2. spoons  3. many  4. little  5. a little
C 1. many  2. few  3. little  4. a little  5. much

## Unit 31

A 1. some  2. any  3. some  4. any  5. any
B 1. any  2. any  3. some
C 1. O  2. X any  3. X some

## Unit 32

A 1. twenty  2. thirty  3. forty-one  4. seventeen
   5. nineteen
B 1. b  2. c  3. a
C 1. thousand, hundred  2. million  3. million, thousand
   4. billion

## Unit 33

A 1. fourth  2. first  3. tenth
B 1. b  2. a  3. c
C 1. 203 694  2. 628 377
D 1. 2016, 2, 3  2. 2001, 9, 15

# Unit 34

A  1. slowly  2. carefully  3. easily  4. here  5. tomorrow
B  1. noisily  2. politely  3. rudely  4. softly
C  1. quickly  2. difficult  3. diligent  4. kindly

# Unit 35

A  1. 부사  2. 형용사  3. 부사  4. 형용사
B  1. 그 영화는 꽤 괜찮았다.
   2. 나의 엄마는 예쁜 정원을 가지고 계신다.
C  1. hard  2. late  3. hardly

# Unit 36

A  1. hungry  2. boring  3. fast  4. like  5. sad  6. walks
B  1. carefully  2. Fortunately  3. beautifully  4. quickly
   5. loudly

# Unit 37

A  1. sometimes  2. always  3. seldom  4. often
B  1. It is often windy.  2. I sometimes drink tea.
   3. He will never ride a motorbike.
   4. Jane usually works at 2.

# Unit 38

1. ③  2. ⑤  3. ②  4. ①, ②  5. ⑤  6. ①  7. ③  8. ③  9. ⑤
10. ②  11. ①  12. ④  13. He has a big house.
14. Emily sometimes takes a walk in the morning.
15. hundred, thousand  16. million  17. a few  18. little
19. Peter is usually busy.  20. I saw a tall boy.

# Part 6 Unit 39

A 1. richer 2. luckier 3. colder 4. larger 5. higher
B 1. faster 2. lighter 3. bigger 4. warmer
C 1. taller 2. older 3. earlier 4. harder

## Unit 40

A beautiful, difficult
B 1. more expensive 2. stronger 3. more important
   4. faster
C 1. My bag is heavier than yours.
   2. This book is more interesting than the movie.
   3. Wolves are more dangerous than bears.
   4. Monkeys are more intelligent than giraffes.

## Unit 41

A 1. better 2. warmer 3. more expensive 4. more
   5. worse 6. cleaner 7. more
B 1. better 2. more 3. worse 4. better

## Unit 42

A 1. smartest 2. coldest 3. best 4. worst
B 1. youngest 2. tallest 3. cheaper
C 1. hottest 2. strongest 3. smaller

## Unit 43

1. ④ 2. ① 3. ⑤ 4. ③ 5. ④ 6. ② 7. ③ 8. ④ 9. ③ 10. ①
11. ①, ⑤ 12. ② 13. more comfortable 14. oldest
15. Math is more difficult than science.
16. Sandwiches are better than hamburgers.

17. Chocolate is more delicious than candies.

18. The Pacific is the largest ocean in the world.

19. longer, than  20. more, than

## Part 7  Unit 14

A  1. with  2. under  3. by  4. between  5. to  6. without  7. about

## Unit 15

A  1. in  2. at  3. in  4. on  5. at

B  1. in  2. at  3. on  4. on

C  1. before  2. until  3. at

## Unit 16

A  1. in  2. on  3. at  4. at

B  1. above  2. behind  3. in  4. to  5. beside

## Unit 17

A  1. and  2. but  3. or

B  1. brave  2. happy  3. angry

C  1. I am tired and hungry.  2. The pie is cheap but delicious.

   3. I will go to Sweden, Italy and Denmark.

## Unit 18

A  1. when  2. because  3. but  4. so

B  1. I closed the door because it was cold.

   2. My eyes were dry when I got up in the morning.

   3. Clair didn't buy the shoes because they were too expensive.

   4. It was dark, so Joe turned on the light.

## Unit 49

1. ② 2. ② 3. ⑤ 4. ④ 5. ③ 6. ⑤ 7. ② 8. ④ 9. ④ 10. ②
11. ① 12. ⑤ 13. with 14. in 15. in 16. or 17. or 18. but
19. Amy was late for the meeting because the traffic was heavy.
20. I met George when I was nine years old.

## Part 8    Unit 50

A 2, 4
B 1. is  2. is  3. are  4. are
C 1. There are many bikes in the park.
   2. There are two cars in front of our house.
   3. There is a museum beside the post office.

## Unit 51

A 1. What is your name?
   2. Where do you live?
   3. When did you come to Korea?
   4. What does she like?
B 1. b  2. a  3. c
C 1. do  2. are  3. did

## Unit 52

A 1. b  2. a  3. c  4. d
B 1. many  2. many  3. much  4. much
C 1. What color is your cell phone?
   2. How often do you ride a bike?
   3. How heavy is the box?

## Unit 53

A 1. Who did Jack meet yesterday?  2. Who likes apples?
3. Who did Helen call?  4. Who bought a candle?

B 1. a  2. b  3. a

## Unit 54

A 1. Don't tell a lie.  2. Be honest.  3. Don't be noisy.
4. Don't jump here.

B 1. X sing  2. O  3. X be  4. X Don't

## Unit 55

1. ⑤  2. ⑤  3. ①  4. ④  5. ②  6. ②  7. ③  8. ④  9. ①  10. ①
11. ④  12. ⑤  13. There is a cushion on the chair.
14. Where did you buy the computer?
15. How many students are you teaching?
16. Don't use a cell phone at school.
17. How was the concert?
18. Why were you late?
19. How many children does Susan have?
20. Who gave you this book?

**종합문제 A**

1. is  2. ②  3. ①  4. ③  5. was  6. ②  7. ⑤  8. ③  9. deer
10. ③  11. She  12. ④  13. ③  14. ⑤  15. ③
16. Julie always goes to school by subway.
17. ②  18. ②  19. better  20. ②  21. ④  22. to  23. ③  24. ③
25. Who broke my glasses?

**종합문제 B**

1. ③, ⑤  2. ②  3. He doesn't have many friends. / Does he have
many friends?  4. ②  5. ⑤  6. ②, ③  7. Did, play  8. desks
9. ⑤  10. ⑤  11. It  12. ⑤  13. ④  14. ③  15. ⑤
16. 이 질문은 꽤 어렵다.  17. ②  18. better  19. ③  20. ④  21. ⑤  22. but
23. are  24. ⑤  25. ③

**종합문제 C**

1. ③  2. ②  3. Does, like  4. ①  5. ①  6. ③  7. drinks  8. ①
9. pieces  10. him  11. ①  12. ⑤  13. ②  14. ③  15. ①
16. million, thousand  17. ①  18. ③  19. more  20. ③  21. ②
22. on  23. There are two supermarkets near my house.
24. ③  25. ③